いのちを賭けて運命と対決するのだ。

そのとき、切実[illegible]れるのは己自身だ。

己が最大の味方[illegible]また敵なのである。

青春文庫

自分の中に毒を持て
〈新装版〉

岡本太郎

青春出版社

自分の中に毒を持て〈新装版〉——目次

第一章　意外な発想を持たないとあなたの価値は出ない

——迷ったら、危険な道に賭けるんだ

自分の大間違い　11
〝モノマネ〟人間には何も見えない　22
一度死んだ人間になれ　37
直線と曲線の違い　47
〝捨てる主義〟のすすめ　56
らくに生きる人間は何を考えているか　68
エゴ人間のしあわせ感覚　82
好かれるヤツほどダメになる　90

第二章 個性は出し方
薬になるか毒になるか
——他人と同じに生きてると自己嫌悪に陥るだけ

〝爆発〟発想法 103
道は一本か、十本か 114
正義の裏・悪の裏 126
成功は失敗のもと 132

第三章　相手の中から引き出す自分
それが愛
——ほんとうの相手をつかむ愛しかた愛されかた

愛の伝え方を間違えると　145
〝その一瞬〟を止める方法　154
男と女に知的関係はあるか　165
自分の愛とその人の愛の違い　171
失ったときからはじまる愛　182

第四章　あなたは常識人間を捨てられるか

――いつも興奮と喜びに満ちた自分になる

きれいになんて生きてはいけない　197
頭を遊ばせて世の中を見てみよう　207
〝爆発〟の秘密　214
自分を笑ってごらん　228
むなしさの生みの親　235
あなたは何に燃えたいか　242

挿絵　岡本太郎

第一章

意外な発想を持たないとあなたの価値は出ない

——迷ったら、危険な道に賭けるんだ

楽
TAKO

自分の大間違い

人生は積み重ねだと誰でも思っているようだ。ぼくは逆に、積みへらすべきだと思う。財産も知識も、蓄えれば蓄えるほど、かえって人間は自在さを失ってしまう。過去の蓄積にこだわると、いつの間にか堆積物に埋もれて身動きができなくなる。

人生に挑み、ほんとうに生きるには、瞬間瞬間に新しく生まれかわって運命をひらくのだ。それには心身とも無一物、無条件でなければならない。捨てれば捨てるほど、いのちは分厚く、純粋にふくらんでくる。

今までの自分なんか、蹴トバシてやる。そのつもりで、ちょうどいい。

ふつう自分に忠実だなんていう人に限って、自分を大事にして、自分を破ろうとしない。社会的な状況や世間体を考えて自分を守ろうとする。

それでは駄目だ。社会的状況や世間体とも闘う。アンチである、と同時に自分に対しても闘わなければならない。これはむずかしい。きつい。社会では否定されるだろう。だが、そういうほんとうの生き方を生きることが人生の筋だ。

自分に忠実に生きたいなんて考えるのは、むしろいけない。そんな生き方は安易で、甘えがある。ほんとうに生きていくためには自分自身と闘わなければ駄目だ。

自分らしくある必要はない。むしろ、〝人間らしく〟生きる道を考えてほしい。

〝忠実〟という言葉の意味を考えたことがあるだろうか。忠実の〝忠〟とは〈まめやか、まごころを尽くす〉ということだ。自分に対してまごころを尽くすというのは、自分にきびしく、残酷に挑むことだ。

ところが、とにかく忠君愛国の忠のように、主君はたとえ間違っていても、主君である以上それに殉ずるとか、義理だの、仇討ちだの、狭い、盲目的な忠誠心ととられることが多い。

だからぼくは、忠実なんて言葉はあまり使ってもらいたくない。

〝実〟にしたって、何が実であるか、なんてことは抽象的で誰にもわかるもんじゃない。意識する〝実〟はほんとうの意味での〝実〟じゃない。〝実〟というのはそういう型にはめた意識を超えて、運命に己を賭けることなんだ。

自分に忠実と称して狭い枠のなかに自分を守って、カッコよく生きようとするのは自分自身に甘えているにすぎない。

それは人生に甘えることでもある。もし、そんなふうにカッコウにとらわれそうになったら、自分を叩きつぶしてやる。そうすれば逆に自分が猛烈にひらけ、モリモリ生きていける。

つまり自分自身の最大の敵は他人ではなく自分自身というわけだ。自分をとりまく状況に甘えて自分をごまかしてしまう、そういう誘惑はしょっちゅうある。だから自分をつっぱなして自分と闘えば、逆にほんとうの意味での生き方ができる。

誰だって、つい周囲の状況に甘えて生きていく方が楽だから、きびしさを避けて楽な方の生き方をしようとする。

ほんとうの人生を歩むかどうかの境目はこのときなのだ。

安易な生き方をしたいときは、そんな自分を敵だと思って闘うんだ。たとえ、結果が思うようにいかなくたっていい。結果が悪くても、自分は筋を貫いたんだと思えば、これほど爽やかなことはない。

人生というのはそういうきびしさをもって生きるからこそ面白いんだ。

＊

そうは言っても、人はいつでも迷うものだ。あれか、これか……。こうやったら、駄目になっちゃうんじゃないか。

俗に人生の十字路というが、それは正確ではない。人間はほんとうは、いつでも二つの道の分岐点に立たされているのだ。この道をとるべきか、あの方か。どちらかを選ばなければならない。迷う。

一方はいわばすでに馴れた、見通しのついた道だ。安全だ。一方は何か危険を感じる。もしその方に行けば、自分はいったいどうなってしまうか。不安なのだ。しかし惹かれる。ほんとうはそちらの方が情熱を覚えるほんとうの道なのだが、迷う。まことに悲劇の岐路。

こんなふうに言うと、大げさに思われるかもしれないが、人間本来、自分では気づかずに、毎日ささやかではあってもこの分かれ道のポイントに立たされているはずなんだ。

何でもない一日のうちに、あれかこれかの決定的瞬間は絶え間なく待ちかまえている。朝、目をさましてから、夜寝るまで。瞬間瞬間に。

まったく日常的な些事《さじ》、たとえば朝、寝床の中で、起き出そうか、いやもう少し寝ていようか。町に出て、バスにしようか電車に乗ろうか。会社に行って上役に会う。頭をどの程度下げようか、それとも知らんふりをして通り過ぎようか。同僚に対しても。また会議の席で、ほんとうに言いたいことを言うべきか、それでは反発もあるだろうし、出る釘は打たれる。黙っていようか。……人によってさまざまだが、ほとんど誰でも、自分で意識するしないにかかわらず、常に迷い、選択を迫られている。

そしてみんな、必ずと言ってよいほど、安全な、間違いない道をとってしまう。

それは保身の道だから。その方がモラルだと思っている。ぼくは、ほんとうにうんざりする。

人々は運命に対して惰性的であることに安心している。これは昔からの慣習でもあるようだ。

無難な道をとり、みんなと同じような動作をすること、つまり世間知に従って、この世の中に抵抗なく生きながらえていくことが、あたかも美徳であるように思われているのだ。徳川三百年、封建時代の伝統だろうか。ぼくはこれを「村人根性」と言っているが、信念をもって、人とは違った言動をし、あえて筋を通すというような生き方は、その人にとって単に危険というよりも、まるで悪徳であり、また他に対して不作法なものをつきつけるとみなされる。

これは今でも一般的な心情だ。ぼくはいつもあたりを見回して、その煮えきらない、惰性的な人々の生き方に憤りを感じつづけている。

ぼくが危険な道を運命として選び、賭ける決意をはっきり自覚したのは二十五歳のときだった。パリで生活していた頃だ。

世のすべての中でもっとも怖ろしいものは己れ自身である。あらゆる真実も愚劣も、己れにおいて結局は決定されるのだ。-(1)

それまで、ぼくでもやっぱり迷いつづけていた。自分はいったい何なのか、生きるということはどういうことか。

その時分、成功することが人生の目的であり、メリットであるように誰でもが思っていたし、そう教育された。だがそんなことに少しも価値があるとは思わない。といって失敗は当然また己を失う。

十八歳でパリに来て、画家としての夢を描いた。そして芸術運動の最前衛のグループに飛び込んだ。そこに情熱も張りもあった。闘った。しかしやがて一方、人間のほんとうの生き方はタブローという枠の中で美を追求することだけではないのではないか。もっとひろく、そしてもっとぎりぎりの、自分という人間の全存在、生命それ自体が完全燃焼するような生に賭けるべきなのではないか、そういう自分自身への問いに全身でぶつからずにはいられなかった。

絵描きは絵の技術だけ、腕をみがけばいいという一般的な考え方には、ぼくはどうしても納得できなかったのだ。

しかしそれは極めて危険な問いだ。芸術ばかりではない。他の部門のあらゆる専門家、さまざまの企業内の社員でもみんなそうだと思うのだが、この道一筋、ただ自分の職能だけに精進すれば尊敬もされる、報われもする。

それを根本的に疑ったり、捨ててしまえば生きてはいけない。食ってもいけないということになる。与えられた枠からはみ出して、いわば無目的的に自分をひろげていくとすれば、その先は真暗な未知、最も危険な状況に落ち込むことを覚悟しなければならない。

それは極端に言えば死を意味する。

しかし、社会の分業化された狭いシステムの中に自分をとじ込め、安全に、間違いない生き方をすることがほんとうであるのかどうか、若いぼくの心につきつけられた強烈な疑問だった。

残酷な思いで、迷った。ぼくはごまかすことができないたちだから。そして……今でもはっきりと思い出す。ある夕方、ぼくはキャフェのテラスにいた。一人で座って、絶望的な気持ちで街路を見つめていた。うすい夕陽が斜めにさし込んでいた。

「安全な道をとるか、危険な道をとるか、だ」

あれか、これか。

どうしてそのときそんなことを考えたのか、今はもう覚えていない。ただ、このときにこそ己に決断を下すのだ。戦慄が身体の中を通り抜ける。この瞬間に、自分自身になるのだ、なるべきだ、ぐっと総身に力を入れた。

「危険な道をとる」

いのちを投げ出す気持ちで、自らに誓った。死に対面する以外の生はないのだ。その他の空しい条件は切り捨てよう。そして、運命を爆発させるのだ。

戦後の日本でぼくの果たした役割、ポジションはその決意の実践だった。

ぼくは一九四〇年、ドイツ軍がパリを占領する直前にヨーロッパを去り、太平洋戦争突入前夜の日本に帰ってきた。パリでの体験を経て、それをポジティーブに生かすため、ぼくは、日本という自分と直接いのちのつながりのある場で人生を闘うべきだと考えたのである。

それは日本の現実に自分をぶっつけること、惰性的な精神風土と対決し、ノーと叫び、挑むためであった。先年、アンドレ・マルローと対談したが、そのときも、ぼくが日本に帰ったのは、「アンチ日本人」になるためだ、と言った。彼はいささか不思議な顔をしていた。何といっても日本を外から見ているフランス人である彼には、その切実さはつかまえられなかったのだろうが。

実際、あの頃の日本の状況は絶望的だった。

ぼくはまず芸術表現の上で、日本の通念とまったく反対な表現をうち出した。その頃はワビ、サビ、シブミで暗くよどんだような色あいの画面でないと高尚な芸術だと思われなかったのに、真赤、真青、黄色、と原色をぶつけ、あいつは色音痴だ、などとさんざん悪口を言われた。また、この道一筋でしんねりむっつりやらないと尊敬されないのに、あらゆる問題について発言し、全身をぶつけて「ノー」と言った。まったく危険な道である。

端的に言えば、それでは収入は得られない。食えない。つまり生活できないということである。好かれる必要はない。売らないという前提で絵を描き、あらゆる面で権威主義にたてつき、いわば常識を超えて、人の言わないことをあえて言い、挑んだ。

〝モノマネ〟人間には何も見えない

日本という国では、オリジナリティーを持つことが許されない。積極的に生きようと思っても、まわり中から足を引っ張られる。

それは、日本の道徳観からきている。特に徳川三百年という大変長く、しかも非常に強固な封建制は、たとえば、一度農民の子に生まれれば一生農民であり、商売でも豆腐屋の子に生まれたら一生豆腐を作るより手がない。そういうように自分の運命が決められてしまって、そこから出るわけにいかない。もし出ようとすると叩かれるし、秩序をみだす、非道徳ということで仕置きされる。だから、自分で運命を拓いていくことができない。町人は町人、武士は武士、しゃべることもすることも、生活の行動範囲から、考える範囲まで全部決まってしまっている。

そういう風潮がつい戦前まで何らかの形で残っていた。ただ、明治時代に入り、国家の近代化とともに、立身出世とか、野心家で一旗挙げて出世しようという人が出て、その時代には憧れ、美談になったけれども、一般の気持ちとしては、それは夢物語のこと、実際にはまず自分の分限というものを考えてしまう。自分の分限を考えた方が、他人と接するときに都合もいいし、無難に生活できた。また、日本というのは狭い国で、その中で大勢の人がぶつかり合っているから、しょっちゅう監視されており、行動する場合には前後左右にぶつかってしまうのだ。そういうとき、諦めてしまわなければ、とても息もつけないということになるわけだ。

あまりにも独自であるということは極めてケシカラヌことであり、恥ずべきことのように扱われる。この国の風習では「長いものには巻かれろ」が常識である。この閉ざされた国、古代農耕文化以来、不変の一色の秩序を保ってきた島国の社会、つまり国全体が大きな閉ざされた社会、「村」なのだ。だから慣習にさからう、意外に思われるような発言などは必要がない。すべては言わず語らずのうちに決まっており、代々の社会秩序の中で偉いと決まった人は無条件に偉い人。あえて独自な表現や不協和な主張をして村の安寧秩序を乱すヤツは村八分にされ、滅ぼされてしまう。古代からずっとそれでやってきたのである。

だが現在のわれわれにとって、これは大変な間違いであるとぼくは思う。今までは、謙虚であるということが世渡りの第一歩みたいなものと考えられてきた。だがぼくの考え方では、それは非常に傲慢だとは言えないが、不遜だと思う。というのは、自分はどのくらいの能力があり、どのくらいのことをすべき器であるかということを見極めようとしないで、つまり、自分のことが自分でわからないのに、勝手に自分はダメだと見切り、安全な道をとってしまう。

このように自分を限定してしまい、その程度の人生で諦めてしまえば、これは安全な一生。だが、自分が今の自分を否定して、更に進み、何か別な自分になろうとすることには大変な危険が伴う。

そして、ほとんどの人はこの危険に賭けようとはしない。それは、今までにこの危険に賭けて失敗した人がいたり、また危険に賭けない方がいいというムードが日本人全体にあるからだ。このムードに従って、みんな自分の分限を心得てしまい、消極的にしか生きていない。ただマメに働いて、質よりも量で自分の働きの価値づけをしようというようなところがある。

こうした風潮に拍車をかけているのが、日本の教育システムではないかと思う。日本では教育というものが、何かこういう人格形成の第一条件のようになっている。つまり若い時代、学生時代には、誰でもかなり自由な考え方ができる。そして自分の人生に夢を持っている。また欧米以上に若い人が甘やかされている。学生だ、まだ子供だと甘やかされているうちに、つい遊んでしまう。だからほんとうの人生の勉強ということや、自分がほんとうに勉強したいということをあまり勉強しない。むしろそんなことをするよりも、学生時代には学生時代の形式的な勉強さえしていればよいというふうに考えている。

人生については、いずれ学校を出て、実社会に出てからにしようなどと思っている。そして実際に実社会に出てしまうと、会社とか勤め先では人生的な勉強をする必要は全然ない。会社内の事情に一応明るくて、上役、同僚と、いずれくる後輩という人間関係さえ適切に処理すれば事は足りる。だから自分は何か生き甲斐を、などと考えるのはバカみたいに思える。会社は忙しいし、夜帰ってくると疲れてしまうし、そのうち女房を持ち、子供などを持ってしまうと、型通りの家庭生活に入ってしまう。

大体においてここで人生を諦める。よけいな本を買って、形而上学的な問題を考えたって腹の足しにもならない。それよりもゴルフでも上手になろう、などと考えて、ストップしてしまう。

夢を見ることは青春の特権だ。

これは何も暦の上の年齢とは関係ない。十代でも、どうしようもない年寄りもいるし、七十、八十になってもハツラツとして夢を見つづけている若者もいる。

だから年齢の問題ではないが、青年の心には夢が燃えている。だが、そういった夢を抑圧し閉ざしてしまう社会の壁がこの現代という時代にはあまりにも多すぎる。

ぼくは口が裂けてもアキラメロなどとは言わない。

たとえどんな作品でもすばらしいと感じたら、それはすばらしい。逆にどんなすばらしい作品でもつまらない精神にはつまらなくしかうつらないのです。作品自体は少しも変わってはいないのに。–(2)

それどころか、青年は己の夢にすべてのエネルギーを賭けるべきなのだ。勇気を持って飛び込んだらいい。

仮に親の顔色をうかがって就職し、安定を選ぶとしようか。が、それが青年自身の人生なんだろうか。〝俺は生きた！〟と言える人生になるだろうか。そうじゃないだろう。親の人生をなぞるだけになってしまう。そんな人生に責任を持てるだろうか。若者自身のほんとうの生きた人生には決してならない。

自分自身の生きるスジは誰にも渡してはならないんだ。この気持ちを貫くべきだと思う。

どこにも属していないで、自由に自分の道を選択できる若者だからこそ決意すべきなんだ。新しく出発するチャンスなのだから。

夢に賭けても成功しないかもしれない。そして、そのとき、ああ、あのとき両親の言うことを聞いておけばよかったと悔やむこともあるかもしれない。

でも、失敗したっていいじゃないか。不成功を恐れてはいけない。人間の大部分の人々が成功しないのがふつうなんだ。パーセンテージの問題でいえば、その九九％以上が成功していないだろう。

しかし、挑戦した上での不成功者と、挑戦を避けたままの不成功者とではまったく天地のへだたりがある。挑戦した不成功者には、再挑戦者としての新しい輝きが約束されるだろうが、挑戦を避けたままでオリてしまったやつには新しい人生などはない。ただただ成り行きにまかせてむなしい生涯を送るにちがいないだろう。

それに、人間にとって成功とはいったい何だろう。結局のところ、自分の夢に向かって自分がどれだけ挑んだか、努力したかどうか、ではないだろうか。

夢がたとえ成就しなかったとしても、精いっぱい挑戦した、それで爽やかだ。

＊

戦後、ぼくが猛烈に闘いはじめた頃、親しい友人や、好意的なジャーナリストは真剣に忠告してくれた。

「あなたのようなことを言ったりやったりしたら、この社会から消されてしまいますよ。西洋なら別だが、日本では通らない」

随分何度もそう言っていさめられた。ぼくは答えた。

「消されるなら、それで結構。とことんまで闘うよ」

ぼくはあの若い日の決意を絶対に押し通すのだ。とことんまで危険な道を選び、死に直面して生きる——確かにぼくは異端者扱いされ、村八分を食った。しかし、それは逆に生き甲斐だ。その悲劇に血を流しながら、にっこりと笑って筋を貫いた。

だから外から見れば、あいつはいい気なやつだと思われたりする。だが見えない裏での絶望的な闘いはきびしい。言いようがない。しかし貫くのだ。

もちろん怖い。だが、そのときに決意するのだ。よし、駄目になってやろう。そうすると、もりもりっと力がわいてくる。

食えなけりゃ食えなくても、と覚悟すればいいんだ。それが第一歩だ。その方が面白い。

みんな、やってみもしないで、最初から引っ込んでしまう。

それでいてオレは食うためにこんなことをしているが、ほんとうはもっと別の生き方があったはずだ、と悔いている。いつまでもそういう迷いを心の底に圧し殺してる人がほとんどだ。

たとえ食えなくても、ほんとうの生き方の方向に進みたい、そう決意したいという情熱が自分をつき動かしてくる。

確かに危険を感じる。そっちへ行ったら破滅だぞ、やめろ、と一生懸命、自分の情熱に自分で歯止めをかけてしまう。

しかし、よく考えてみてほしい。あれかこれかという場合に、なぜ迷うのか。こうやったら食えないかもしれない、もう一方の道は誰でもが選ぶ、ちゃんと食えることが保証された安全な道だ。それなら迷うことはないはずだ。もし食うことだけを考えるなら。

そうじゃないから迷うんだ。危険だ、という道は必ず、自分の行きたい道なのだ。ほんとうはそっちに進みたいんだ。

だから、そっちに進むべきだ。ぼくはいつでも、あれかこれかという場合、これは自分にとってマイナスだな、危険だなと思う方を選ぶことにしている。誰だって人間は弱いし、自分が大事だから、逃げたがる。頭で考えて、いい方を選ぼうなんて思ってたら、何とかかんとか理屈をつけて安全な方に行ってしまうものなのだ。

かまわないから、こっちに行ったら駄目だ、と思う方に賭ける。

瀬戸内晴美はぼくに最初に会った頃、それを聞いてショックを受け、以来それを実行してきたと言っている。彼女はちゃんと食えてるし、それ以上、堂々とやってるけれど、覚悟はそこにあるんだ。ほんとうに生きるっていうのは、そういうことだ。

たとえば、いま勤めている会社をやめたい、何か他にやることがあるんじゃないか、と考えている人は実に多い。だがそれは未知の道に踏み込むことだし、危険だ、と躊躇《ちゅうちょ》して迷いながら日を過ごしている。

現在のサラリーマンのほとんどはそういう悩みを、多かれ少なかれ持っていると思う。内心では、もっと別な会社や、別な道に進みたい希望を持っているんだが、踏みきれない。身の安全、将来を考えて仕方なく現在の状況に順応している人が驚くほど多いのだ。

いつも言っていることだが、ただ、自分で悩んでいたって駄目だ。くよくよしたってそれはすこしも発展しない悩みで、いつも堂々めぐりに終わってしまう。だから決断を下すんだ。会社をやめて別のことをしたいのなら、あとはどうなるか、なんてことを考えないで、とにかく、会社をやめるという自分の意志を貫くことだ。

結果がまずくいこうがいくまいがかまわない。むしろ、まずくいった方が面白いんだと考えて、自分の運命を賭けていけば、いのちがパッとひらくじゃないか。

何かを貫こうとしたら、体当たりする気持ちで、ぶつからなければ駄目だ。体当たりする前から、きっとうまくいかないんじゃないかなんて、自分で決めて諦めてしまう。愚かなことだ。ほんとうに生きるということは、自分で自分を崖から突き落とし、自分自身と闘って、運命をきりひらいていくことなんだ。

それなのに、ぶつかる前から決めこんでしまうのは、もうその段階で、自分の存在を失っている証拠じゃないか。

かなり以前のことだが、京都文化会館で二、三千人の禅僧たちが集まる催しがあった。どういう訳か、そこで講演を頼まれた。ぼくはいわゆる禅には門外漢であり、知識もないが、自由に発言することが禅の境地につながると思う。日頃の考えを平気でぶつけてみよう。そう思って引き受けた。

ぼくの前に出て開会の挨拶をされた坊さんの言葉の中に、臨済禅師《りんざいぜんじ》という方はまことに立派な方で、「道で仏に逢えば、仏を殺せ」と言われた、素晴らしいお言葉です、という一節があった。有名な言葉だ。ぼくも知っている。確かに鋭く人間存在の真実、機微をついていると思う。

しかし、ぼくは一種の疑問を感じるのだ。今日の現実の中で、そのような言葉をただ繰り返しただけで、果たして実際の働きを持つだろうか。とかく、そういう一般をオヤッと思わせるような文句をひねくりまわして、型の上にアグラをかいているから、禅がかつての魅力を失ってしまったのではないか。

で、ぼくは壇上に立つと、それをきっかけにして問いかけた。

宗教はとかくペシミスティックだ。死ななきゃ許してくれない。うまいものを食っちゃいけない、美人を見て色気をおこしちゃいけないなんて、一番いいものをみんなとり上げ、生命をいためたり、卑しめたり、生きるよろこびをすっかり抜いてしまってから、やっとよしという。－(3)

「道で仏に逢えば、と言うが、みなさんが今から何日でもいい、京都の街角に立っていて御覧なさい。仏に出逢えると思いますか。逢えると思う人は手を挙げて下さい」

誰も挙げない。

「逢いっこない。逢えるはずはないんです。では、何に逢うと思いますか」

これにも返事がなかった。坊さんたちはシンとして静まっている。そこでぼくは激しい言葉でぶっつけた。

「出逢うのは己自身なのです。自分自身に対面する。そうしたら、己を殺せ」

会場全体がどよめいた。やがて、ワーッと猛烈な拍手。

これは比喩ではない。

人生を真に貫こうとすれば、必ず、条件に挑まなければならない。いのちを賭けて運命と対決するのだ。そのとき、切実にぶつかるのは己自身だ。己が最大の味方であり、また敵なのである。

今日の社会では、進歩だとか福祉だとかいって、誰もがその状況に甘えてしまっている。システムの中で安全に生活することばかり考え、危険に体当たりして生きがいを貫こうとすることは稀である。自分を大事にしようとするから、逆に生きがいを失ってしまうのだ。

己を殺す決意と情熱を持って危険に対面し、生き抜かなければならない。今日の、すべてが虚無化したこの時点でこそ、かつての時代よりも一段と強烈に挑むべきだ。

ぼくは臨済禅師のあの言葉も、実は「仏」とはいうが即己であり、すべての運命、宇宙の全責任を背負った彼自身を殺すのだ、と弁証法的に解釈したい。禅の神髄として、そうでなければならないと思う。

一度死んだ人間になれ

新人類などとよばれて、ファッショナブルに、軽く生きているような若者たち。だが意外に、ゾッとするほどウツロな顔を見せることがある。

「何をしたらいいか、全然わからない」

「これでは駄目だということはよくわかっているんだけど」

自信もない、こいつだけは貫きたいという情熱もない。生活的にはまあまあ、程々のものは持っているし……。

だらしがない、と言ってしまえばそれまでだ。だが正直に内面をさらけ出せば、若者たちに限らず、今こういうウツロな人間がほとんどではないだろうか。これは問題だ。

そこでぼくはそういう駄目人間、不安で、迷って、自信がない、何をしたらいいのか、てんでわからないあなたに提案する。

自分はそういう人間だ。駄目なんだ、と平気で、ストレートに認めること。

そんな気の弱いことでどうする——とクヨクヨしても、気は強くならない。

だから、むしろ自分は気が弱いんだと思って、強くなろうとジタバタしない方がいい。

諦めるんではなく、気が弱いんだと思ってしまうんだ。そうすれば何かしら、自分なりに積極的になれるものが出てくるかもしれない、つまらないものでも、自分が情熱を賭けてうち込めば、それが生きがいだ。

他人から見ればとるに足らないようなバカバカしいものでも、自分だけでシコシコと無条件にやりたくなるもの、情熱をかたむけるものが見出せれば、きっと眼が輝いてくる。

これは自己発見だ。生きていてよかったなと思うはずだ。

何か、これと思ったら、まず、他人の目を気にしないことだ。また、他人の目ばかりでなく、自分の目を気にしないで、萎縮せずありのままに生きていけばいい。これは、情熱を賭けられるものが見つからないときも大切だ。つまり、駄目なら駄目人間でいいと思って、駄目なりに自由に、制約を受けないで生きていく。

そうすれば、何か、見つけられるチャンスがおのずからひらけてくる。一日も早く実行してみるといい。

＊

何をすればよいのか、それがわからない、と言うかもしれない。それが、ごく一般的なのだ。誰もが何かしなきゃいけないと思っている。ところが、その〝何か〟とは、いったい何なのか、よく考えてみると、てんでわからない。

こういう悩みは誰もがもっている、多くの人がそうだ。

では、どうしたらいいのか。人に相談したって仕様がない。まず、どんなことでもいいからちょっとでも情熱を感じること、惹かれそうなことを無条件にやってみるしかない。情熱から生きがいがわき起こってくるんだ。情熱というものは、〝何を〟なんて条件つきで出てくるもんじゃない、無条件なんだ。

何かすごい決定的なことをやらなきゃ、なんて思わないで、そんなに力まずに、チッポケなことでもいいから、心の動く方向にまっすぐに行くのだ。失敗してもいいから。

何を試みても、現実ではおそらく、うまくいかないことのほうが多いだろう。でも、失敗したらなお面白いと、逆に思って、平気でやってみればいい。とにかく無条件に生きるということを前提として、生きてみることをすすめる。

無条件に生きれば、何かが見つかる。だが、必ず見つけようとガンバル必要もない。

見つかってもいいし、見つからなくてもいい、と思えば眼の前に何かが浮きあがってくるに違いない。

見つからないというのは、自分がそう思っているだけなのだ。自由になれば、ほんとうはそこから何かが見つかるんだ。

遊び心と言ってもいい。好奇心のおもむくままにと言ってもいいかもしれない。だが好奇心という言葉には何か、型にはまった安易さを感じる。

軽く素直に動けばよいということだ。

人生、生きるということ自体が、新鮮な驚き、よろこび、新しくひらかれていく一瞬一瞬であり、それは好奇心という浮気っぽいもの以上の感動なんだ。

われわれはそもそも、生まれたいからこの世に出て来たわけではないけれど、オギャーと母の胎内から飛び出したそのときから、思っても見なかった外界にさらされる。

まったく無防備な生命。しかし力強く、ありったけの力をこめてオギャアー、オギャアーと泣く。悲しいからではない。嬉しいからでもない。生命が無条件に外に向かってふき出しているのだ。

やがて、もの心がついてくると、また新しい眼で自分のまわり、世界を見かえすようになる。

幼い子供にとって天地のあらゆる現象——朝、日がさし出る、雨が降る、虫が鳴いて動いている、何もかもが不思議だ。日毎に夢をひらく、自分にぶつかってくる言いようのない衝撃。そこに無条件に生きることのよろこびを感じとりながら成長していくのだ。

そのうちに、いったい人生とは何だろう、自分とは何なのか、というようなことを考えはじめる。

人の目、自分の状況が気になりだす。人生は辛い、きびしいものじゃないか。しかも自分自身が自覚する以前に、すでにまわりが自分を批判し、決めつけてくる。頭がいい、悪い、運動能力がある、ない、顔がきれいだ、醜い、等々。あらゆることで。

人生も芸術も、つねに無と対決しているのです。だからこそおそろしい。−(4)

圧倒的な、巨大な社会の影だ。幼いときのみずみずしい自由感は次第に窒息させられて、世間一般の考えるとおりに考え、みんなのしゃべるようなしゃべり方をし、そういうことにも気づかないほど、常識どおりの枠の中におさまってしまうのだ。

いわゆる「大人」。そうなるとかえって、好奇心という、ある意味で遊びであるようなものを意識の中に持たないといられないような気になる。一種のごまかしでもあるのだが。一般的にいう好奇心は、責任をとらずに、ちょっと気をまぎらし、日常のコンプレックスから己を逃がす。つまり利用できる安全弁として使われる。

それも別に悪いことではないが、生命の絶対感ではない。

確かにぼくも好奇心は旺盛な方だと思う。自分がやったことのない、危なそうに思われるものには、身を賭けてぶつかって行きたくなる。

自分のいのちを純粋に賭けるために、ぼくは芸術の道を選んだと言ってもいい。芸術はまったく自由である。現在、多くの人が失っている自由をとりもどすために芸術は大きな役割を持っている。

ぼくは朝から夜まで、まる一日、絵を描き、文章を書き、彫刻にナタをふるう。全部まったく無条件に自分を外に向かって爆発させていく営みだ。

この瞬間に、無条件な情熱をもって挑む。いのちが、ぱあっとひらく。それが生きがい。瞬間瞬間が新しい。好奇心と言えば、これが好奇心の源だろう。

＊

ぼくがスキーをはじめたのも、確かに好奇心からだった。世界じゅうの常識として、スキーは若者のスポーツだ。三十歳を過ぎたら駄目だということになっている。だが驚いちゃいけない。ぼくは四十六歳になってからはじめてスキーをはいたのだ。

若い友人が熱心にすすめてくれたのがきっかけで、よし、やったことのないものは、やってやろうと決意した。これは、わが人生のスジでもある。

初心者だったから、最初はたらたらっとした斜面で練習させられたのだが、上の方を見あげると、絶壁のような上級コースが白々と輝いている。ああ、あんな凄いところで滑ってみたいなあ。とても駄目だろう、だが滑ってみたい。強烈な好奇心がぼくを惹きつけた。思い切ってリフトでそこまで登ってみた。

ゲレンデの頂上に立つと、目もくらみそうな急斜面だ。こんなところで滑ったら、猛烈な勢いですっころんで、首の骨でも折って死んでしまうんじゃないか。

ウーム！ 迷った。

こんなところで死ぬのもカッコウ悪いな。

しかしここまであがって来たのだ。来た以上、やってやろう。死と対面することこそが、いのちを燃やす真のよろこびじゃないか。

決意して、滑りはじめ、歯を食いしばって突っ込んで行った。とたんに、ステーンと、凄い勢いで転倒した。頭から新雪の中にもぐってしまい、何も見えない。だが嬉しかった。何か自分が転んだというよりも、ぼくの目の前で地球がひっくりかえった、というような感じ。地球にとても親しみを覚えた。

ぼくはつくづく思うのだが、好奇心というのは、そのように生命を賭けて挑む行動に裏打ちされなければ、生きる感動としてひらかないのではないか。

だから、それはただの「お遊び」では駄目なのだ。全生命、全存在を賭けて、真剣に、猛烈に遊ぶのでなければ、生命は燃えあがらない。いのちがけの「遊び」と、甘えた「お遊び」とは、まったく違うのである。

今日は余暇社会などとも言われ、管理された日常の外に生きがいを求めようとする人が多くなっている。農作業でも、コンピューターの操作でも、強制された労働としてやれば苦役だが、自由な「遊び」として創造的に取り組む限り、それはよろこびだ。

言いかえれば、人生、即、芸術。

誰でもが好奇心を大いに発揮して、真剣に、無条件に、人生をひらいてほしい。

直線と曲線の違い

さしあたり惹かれるものがなかったら、本を読むのもいい。この頃みんな本を読まないらしいが、本は自分自身との対話だ。

思想的な本、また小説なら小説でも少し真面目な、生き方を見きわめるような本を読みながら、運命全体を考えてみるんだ。はじめは固くって読みにくいかもしれないが、すぐ慣れてくる。

読書に疲れたら、一人外に出てぶらぶら歩きながら、自分の運命をまともに見すえるような気持ちで、現在の生き方とか、これから何をなすべきかを、自分自身に問いつめてみる。そうすれば当然、いろいろな問題がわき起こってくると思う。そうしたら、問題解決を求めてさらに進む。

何にもしないで、人生を無駄に過ごすなんて、つまらないじゃない。

そういう生活をつづけていると、世界全体を見失うし、また、自分自身を見失うことになる。

では、どんな本を読んだらいいかというと、星の話でも、文化人類学でも、旅行記でも、哲学書でもいいし、小説でもいい。ただ、小説の場合、興味本位だけで、だらだらと空しいものが多い。読んでしまって、あとに何も残らないなんて、時間のムダだ。そうじゃなくて、ほんとうに新しい自身の人生観がひらくような本がいい。

ぼくも子供時代からあらゆる本を濫読した。童話や、グリム、アンデルセン、アラビアンナイト、ガリヴァー、西遊記などはもちろん、母が感激して読んでいるものはどうしても読みたくなって、モーパッサンやトルストイ、ツルゲーネフなど小学校の高学年のときには夢中になって読んだ。

中学に入るか入らないかの頃、ショーペンハウエルにとりつかれ、学校の授業中でも、前の席の子の背中に隠れて読みふけったのを覚えている。はじめての哲学書だったけれど、とてもよく解ったし、面白くて、ちっとも難しいとは思わなかった。天才論とか、因果論など、うむ、その通りその通りといちいちうなずきながら読んだ。天才は憂うつと昂揚《こうよう》が周期的に激しく襲ってくるとか、たいてい背が低く、猪首《いくび》だなんてところまで自分にそっくりで、うむ、やっぱりぼくは天才なんだな、とひそかにうなずいたりした。

パリに行ってからは、フランス語に馴れる意味もあって、まず小説にとり組んだ。スタンダールの『赤と黒』が最初に読んだ本だ。『パルムの僧院』なども面白くて、徹夜して一気に読んでしまった。またアンドレ・マルローの『人間の条件』が出版され、評判をよんだ。アトリエからモンパルナッスのキャフェなんかに出て行く途中も、とぎれるのが惜しくて、この本を読みながら道を歩いて行ったのを思い出す。

哲学書ではニーチェ、キェルケゴール、ヤスパースなど、実存哲学に熱中した。当時はまだサルトルはあらわれていなかったし、実存主義という言葉はなかったが、われわれ若い仲間の間では「実存的存在」という言葉が強い連帯の絆になっていたようだ。

不思議なもので、自分が求めているときは、それにこたえてくれるものが自然にわかるものだ。それにはかなりたくさん読まなくちゃいけない。

＊

ぼくはパリ時代は昼も夜も、ほとんど毎日、キャフェへ出かけていった。

一杯のコーヒーで何時間ねばっていてもいい。そういう店でコーヒーを飲んでいると、必ず、誰か友達がやってくる。

すると、お互いに「やあ」「やあ」と挨拶して話し合ったり、議論したりした。火花が散るような、生きがいのようなものをずいぶん感じた。当時のぼくは二十歳そこそこで、若かったが、そのキャフェで世界の歴史に残るような思想家や芸術家と毎日のように出会い、対等に話し合った。それがぼくの青春時代の大きな糧《かて》になったことは確かだ。

マックス・エルンストやジャコメッティ、マン・レイ、アンリ・ミショーなどシュール系の画家や詩人、ソルボンヌの俊鋭な哲学徒だったアトラン、後に芸術批評の大家になったパトリック・ワルドベルグや、写真家のブラッサイなんかもモンパルナッスの「ル・ドーム」や「クーポール」で毎日顔をあわせる仲間だったし、カンディンスキー、モンドリアン、ドローネーなどと一週間おきに集まって、芸術論をたたかわせたのも、「クローズリー・デ・リラ」というキャフェだった。

十年以上のフランス生活はほんとうにキャフェとともにあったわけで、いちいち思い出を話すことはとてもできない。

ぼくの一生を決定したともいえるジョルジュ・バタイユとの出会いも、考えてみればキャフェがきっかけだった。

いつものようにル・ドームでパトリック・ワルドベルグとおしゃべりしていると、マックス・エルンストがふらりとあらわれた。ぼくらの席に腰をおろした彼は、コーヒーを注文すると、ポケットから一枚のちらしを取り出してぼくの前に置いた。皿の上に切り落とされた牛の頭がのっている絵。いささか不吉な感じで目を惹いた。

「あさって、興味深い会合があるんだ。よかったら一緒に行かないか」

エルンストに誘われて、「コントル・アタック」(反撃)の集会に参加したのは一九三六年の冬のことだ。

フランス国内の反動的な国粋主義右翼、また台頭してきたヒットラーやムッソリーニの全体主義、一方、ソ連のスターリン主義の強圧的な官僚制、それらの右も左もひっくるめた反動に激しく抗議する会合だった。

セーヌ河の河岸を入った細い通り、グラン・ゾーギュスタン街の古い建物。そこの屋根裏にアトリエ風のかなり大きなスペースがあった。ジャン・ルイ・バローの持ちもので、後にピカソがそこを使って、あの巨大な「ゲルニカ」を描いたところだ。

三、四十人ぐらい集まったろうか。尖鋭《せんえい》な知識人ばかり。アンドレ・ブルトンや、サド研究家として有名なモーリス・エイヌ等が人間の自由と革命を圧殺する全体主義を激しく非難する。やがてジョルジュ・バタイユの演説になった。決してなめらかな話し方ではない。どもったり、つかえながら、しかし情熱がせきにぶつかり、それを乗り越えてほとばしり出るような激しさで、徹底的に論理を展開していく。

ぼくは素手で魂をひっつかまれたように感動した。

会は熱狂的にもりあがり、みんなの危機感、そして情熱がひとつになった。

解散するとき、司会者が緊迫した声で言った。

「みなさん、十分気をつけて帰って下さい。右翼が待ちぶせていて、襲われるかもしれません」

暗いグラン・ゾーギュスタン街をモンパルナッスの方に向かって、エルンストと肩を並べて歩いた。一言も口をきかずに。

それ以来、ぼくはバタイユに対する共感をソルボンヌの仲間たちや、心の通う友達に話さずにはいられなかった。彼の書いたものも貪《むさぼ》るように読んだ。そのうち、いつの間にかぼくのことがバタイユに伝わったらしい。

「ぜひ会いたい」というバタイユのメッセージをもらって、ぼくは心躍る思いで指定の時間に出かけた。

今でも、よく覚えている。コメディ・フランセーズの前のキャフェ・リュック。あの古めかしい劇場の見える側の席で、彼は先に来て待っていた。最初からとてもうちとけた、心を許した雰囲気になった。ぼくはあの夜の感動を語った。

バタイユは「今日、すべての体制、状況が精神的にいかに空しくなっているか」とあのときと同じように熱っぽくトツトツと憤りをぶちまけた。そして、「体制に挑む決意をした者同士が結集しなければならない。力をあわせて、世界を変えるのだ。……われわれは癌のように、痛みを与えずに社会に侵入し、それをひっくりかえす。無痛の革命だ」

バタイユの眼は炎をふき出すように輝いていた。

その後ぼくはバタイユを中心に組織されたコレージュ・ド・ソシオロジー・デ・サクレ（神聖社会学研究会）のメンバーになり、表の討論に参加すると同時に、ごく限られた同志だけの秘密結社にも加わった。その第一歩がこのリュックでの、長い、突っ込んだ話しあいだったのだ。

あの頃、ヨーロッパの情勢はナチスの無気味な拡大、左翼人民戦線の結成など、世界大戦を予感させる緊迫した気配だった。

きらびやかに着飾ったマダム、落ち着いた紳士たち、キャフェの中はシックで華やかだったけれど、外には不穏な遠雷がとどろき、次第に迫ってきていた。

今日の日本の、つるりと安心しきったような、みんなが自分のちっぽけな安逸だけにはまりきって、他のことは知らない、興味もないと言っている、こんな時代とは明らかに様相がちがう。

しかしどんな時代のどんな状況のなかにだって、熱っぽく語りあい、問題意識をわけあう仲間がいた方がいいに決まっている。
また、そういう渦ができるような場があったら、みんなのために、どんなにいいだろうと思う。

"捨てる主義"のすすめ

何かをはじめても、つづかないんじゃないか、三日坊主に終わってしまうんじゃないか、なんて余計な心配はしなくていい。気まぐれでも、何でもかまわない。ふと惹かれるものがあったら、計画性を考えないで、パッと、何でもいいから、自分のやりたいことに手を出してみるといい。

それでもし駄目なら――つまりつづかなかったらつづかなかったでいいんだ。いいと思うべきだ。

計画性なんていうことにこだわらず平気で捨ててみて、つまらなかったらやめればいい。

途中で放棄しても、放棄してしまったということは余り考えない。日記を書きたい、書こうと思ったら、つづくかつづかないか、よりも書こうと思ったことの方が大事で、それをつづけなければならないと義務に縛られて書く必要はない。

つまり、計画をもって日記なら日記をつづけて書こうとしても、すぐにつづかなかったら、また別の計画を企てて、他のことをやってみる、それでまた長つづきがしなくて駄目になる。

こういうふうにしょっちゅう計画が駄目になるということも、計画のうちに入るかもしれないんだ。

つまり、さまざまのバリエーションで自分の運命を試すという〝計画〟を持つことになる。その方が、面白いじゃないか。

ぼくは、昔から三日坊主でかまわない、その瞬間にすべてを賭けろ、という主義なんだ。だから、三日坊主になるという〝計画〟を持ったっていいと思う。

もう一つ。

「いまはまだ駄目だけれど、いずれ」と絶対に言わないこと。

〝いずれ〟なんていうヤツに限って、現在の自分に責任を持っていないからだ。

生きるというのは、瞬間瞬間に情熱をほとばしらせて、現在に充実することだ。

過去にこだわったり、未来でごまかすなんて根性では、現在をほんとうに生きることはできない。

ところが、とかく「いずれそうします」とか「昔はこうだった」と人は言う。そして現在の生き方をごまかしている。だから、ぼくはそういう言葉を聞くたびに、怒鳴りつけてやりたくなる。

〝いずれ〟なんていうヤツに、ほんとうの将来はありっこないし、懐古趣味も無責任だ。

つまり、現在の自分に責任をとらないから懐古的になっているわけだ。

しかし、人間がいちばん辛い思いをしているのは、〝現在〟なんだ。やらなければならない、ベストをつくさなければならないのは、現在のこの瞬間にある。それを逃れるために〝いずれ〟とか〝懐古趣味〟になるんだ。

懐古趣味というのは現実逃避だ。だから、過去だってそのときは辛くって逃避

目があるべきところに目をぬいてしまうのも目だ。それは目のない凝視となって、存在感が逆に強まる。私にとって、たとえばノッペラボーは、道具の整った顔よりもさらに強烈な存在なのである。―(5)

したんだろうけど、現在が終わって過去になってしまうと安心だから、懐かしくなるんだ。

だから、そんなものにこだわっていないで、もっと現実を直視し、絶対感をもって問題にぶつかって、たくましく生きるようにしていかなければいけない。

＊

今は野放図でメチャクチャな人間というものは少ない。たいてい自分のことはよくわかっているのだ。それだけに悩む。

「どうしてこうなんだろう」とか「これでは駄目だということはよくわかっているんだけれど、どうしたらいいか、その方法がわからない。行動に移れない」などと考えこんで、結局、自己嫌悪におちいってしまったりする。

そういう人の特徴は、みんな自分だけは特別だと思っていることなんだ。「自分は」だらしがない、「自分は」神経質だ、とか。そう思いたいかもしれないが、それは違う。ウヌボレだといってもいい。そんな人間は、がっかりするくらい、この世の中にいっぱいいる。むしろ、ほとんどがそんな人間だと思った方がいいかもしれない。

ぼくは逆の発想をしてみることをすすめる。自分は駄目な人間なんだとか、こうやったらきっと駄目になるだろう、それならそのマイナスの方に賭けてみるんだ。つまり、自分で駄目だろうと思うことをやってみること。

それは、もちろん危険だ。失敗に賭けるんだ。でも、駄目だと思うことをやった方が、情熱がわいてくる。

みんなどうしても、安全な道の方をとりたがるものだけれど、それが駄目なんだ。人間、自分を大切にして、安全を望むんだったら、何もできなくなってしまう。計算づくでない人生を体験することだ。誰もが計算づくで、自分の人生を生きている。たとえば美術家で言えば、美術家というのは、人に好かれる絵を描かなければならない。時代に合わした絵で認められないと、食ってはいけない。生活ができない。

だけど、ぼくはまったく逆のことをやって生きてきた。ほんとうに自分を貫くために、人に好かれない絵を描き、発言しつづけてきた。一度でいいから思い切って、ぼくと同じに駄目になる方、マイナスの方の道を選ぼう、と決意してみるといい。

そうすれば、必ず自分自身がワァーッともり上がってくるにちがいない。それが生きるパッションなんだ。今は、ほとんどの人がパッションを忘れてしまっているようだ。

*

よく、〝どうしてそんなに自信があるんですか〟とか、〝自信に満ちていてうらやましい〟とか言われる。だが、ぼくは自信があるとは思っていない。

自信なんてものは、どうでもいいじゃないか。そんなもので行動したら、ロクなことはないと思う。

ただ僕はありのままの自分を貫くしかないと覚悟を決めている。それは己自身をこそ最大の敵として、容赦なく闘いつづけることなんだ。

自分が頭が悪かろうが、面がまずかろうが、財産がなかろうが、それが自分なのだ。それは〝絶対〟なんだ。

実力がない？　けっこうだ。チャンスがなければ、それもけっこう。うまくいかないときは、素直に悲しむより方法がないじゃないか。

そもそも自分を他と比べるから、自信などというものが問題になってくるのだ。わが人生、他と比較して自分をきめるなどというような卑しいことはやらない。ただ自分の信じていること、正しいと思うことに、わき目もふらず突き進むだけだ。

自信に満ちて見えると言われるけど、ぼく自身は自分を始終、落ちこませているんだ。徹底的に自分を追いつめ、自信を持ちたいなどという卑しい考えを持たないように、突き放す。

つまり、ぼくがわざと自分を落ちこませている姿が、他人に自信に満ちているように見えるのかもしれない。

ぼくはいつでも最低の悪条件に自分をつき落とす。そうすると逆にモリモリッとふるいたつ。自分が精神的にマイナスの面をしょい込むときこそ、自他に挑むんだ。ダメだ、と思ったら、じゃあやってやろう、というのがぼくの主義。

いつも言っているように、最大の敵は自分なんだ。

前に、禅宗の坊さんたちに「己を殺せ」と言った話をしたけれど、あれは「禅」じゃなくて人生の極意なんだ。自分を殺す、そこから自分が強烈に生きるわけだ。

それがほんとうに生きることなんだ。自信なんていうのは相対的価値観だ。誰々よりも自分は上だ、とかいうものでしかない。そうじゃなくて、人間は生死を超えた絶対感によって生きなければ駄目だ。

ぼくはこうしなさいとか、こうすべきだなんて言うつもりはない。

〝ぼくだったらこうする〟と言うだけだ。それに共感する人、反発する人、それはご自由だ。

自信がないと悩む。それはその人が、人生に対してコンプレックスを抱いていることの表明なのだ。

弱いと自分自身思っている人ほど強くなりたいと意識する。それは別に、悪いことじゃないけれど、弱さを何とかごまかそうとしたり、強くみせかけようなどとすると、ますます弱みになってしまう。

社会的に力がないとか、筋肉が弱いとかいうことも、人間がほんとうに生きるということと、それに対する強さとは関係ないんだ。

他に比べて弱くても、自分は充実して生きている、これで精一杯だと思えば、悔やむことも歎《なげ》くこともない。人生はひらく。

ぼくは太平洋戦争がはじまる直前に十二年間のフランス生活を切り上げて日本に帰ってきた。そしてすぐに兵隊にさせられた。中国の真中、漢口の近くにつれて行かれて、言うに言えない苛烈な軍隊生活を送った。

三十を過ぎた、パリ帰りの男が十八、九の若者たちと一緒に初年兵訓練を受け、徹底的にしごかれたんだ。辛いなんてもんじゃなかった。

戦争も軍隊も知らない、今の人たちにはわからないだろうが、「ホフク前進」という、銃を地面につけないように捧げたまま、這って前に進む訓練があった。これはキツイ。フラフラ、目もくらむまでそれをやって、最後に「突撃に前へー」という号令でパッと立ち上がって突っ込む。

また「伏せーっ」という号令。息もたえだえで地面に這いつくばったとき、ぼくは目の前に小さな花がゆれているのを見た。雑草の中に、ほとんど隠れるようにして、ほんとうに小さい、地味な、赤っぽい花だった。

そいつと鼻をつきあわせて、ぼくは、いのちがしぼりあげられるような感動にふるえた。

こんなに広い大陸の、荒れた原野で、これっぽっちの、小さい、何でもない〝いのち〟。おそらく誰にも見られることのない。オレのような、惨めな初年兵が偶然にも演習で身を投げ出したから、はじめて目を見はったのだが。

だが何という美しさなのだ。小さい、その全身を誇らかに、可憐に、なまめかしくひらいて、はてもなく青いこの空の下に咲いている。

ぼくは「残酷について」(『私の現代芸術』)というエッセーの中で、この花について書いたことがあるが、それはまさに残酷な、しかし崇高な思い出である。

人間だから、花だから、と区別することはない。いのちの共感は一体だ。

あなたは画面の上にある色や形を、写真機のレンズが対象のイメージをそのまま映すように見ているかどうか、考えてみれば疑問です。あなたはそこにある画布、目に映っている対象をみていると思いながら、じつはあなたの見たいとのぞんでいるものを、心の中にみつめているのではないでしょうか。−(6)

らくに生きる人間は何を考えているか

人間は自分をきつい条件の中に追い込んだときに、初めて意志の強弱が出てくる。

この点を、実に多くの人がカン違いしている。たとえば、画家にしても才能があるから絵を描いているんだろうとか、情熱があるから行動できるんだとか人は言うが、そうじゃない。

逆だ。何かをやろうと決意するから意志もエネルギーもふき出してくる。何も行動しないでいては意志なんてものありゃしない。

自信はない、でもとにかくやってみようと決意する。その一瞬一瞬に賭けて、ひたすらやってみる。それだけでいいんだ。また、それしかないんだ。

意志を強くする方法なんてありはしない。そんな余計なことを考えるより、ほんとうに今やりたいことに、全身全霊をぶつけて集中することだ。

ひたすらそれを貫いてみる。はたからみれば、あの人は何という意志の強い人なんだろうということになるんだ。

あっちを見たりこっちを見たりして、まわりに気をつかいながら、カッコよくイージーに生きようとすると、人生を貫く芯がなくなる。そうじゃなく、これをやったら駄目になるんじゃないかということ、まったく自信がなくってもいい、なければなおのこと、死にもの狂いでとにかくぶつかっていけば、情熱や意志がわき起こってくる。

世の中の一般の人は、あの人は意志が強いから、これだけのことをやったんだと評価するかもしれないが、今言ったように、それは順番を取り違えているんだ。繰り返して言う。うまくいくとか、いかないとか、そんなことはどうでもいいんだ。結果とは関係ない。めげるような人は、自分の運命を真剣に賭けなかったからだ。

自分の運命を賭ければ、必ず意志がわいてくる。もし、意志がわいてこなければ運命に対する真剣味が足りない証拠だ。

ぼくは小学校の頃ずっと寄宿舎で過ごした。家はすぐ近くにあったのだが、芸術家同士だった両親はぼくを持てあましたらしい。

子供の世界にはガキ大将を中心とした階級制度みたいなものが厳然として存在している。ぼくは生まれつきそういう権威に頭を下げたり、すり寄ってうまくやるということができないたちだ。

たった一人で、ガキ大将集団にタテつき、闘った。

ガキ大将自身はそういうぼくを逆に認めているようなところもあって、そんなに悪くなかったのだが、そのまわりにくっついて歩いて威張っている小頭みたいな連中、こいつらには徹底的にいじめられた。

学校の授業時間だけでなく、寄宿舎生活だから、まる一日じゅう、イビられる。

子供の世界の意地悪というのは残酷だ。

だが、ぼくには自分は純粋なんだ、何か自分の中の清らかな心を必死にまもっている、というような信念があった。

子供心に、絶対に譲れない聖なるものと言ったらいいだろうか。

それが何かということは後年、パリに行って哲学や社会学を学んで、やっとはっきり自覚できるようになったが、……とにかく子供ながらに絶対に頭を下げず、ガンバった。

大人になって、かなり社会的に名前も出てからのことだが、その頃のガキ大将に会った。

「寄宿舎ではヒデエ目にあったよ」

昔のことで、恨みは残っていないが、ふと思い出してそう言った。すると、

「当たり前だよ。君だけは絶対に言うことを聞かなかったんだもの」

ヘエーそうだったのか、とぼくはそのとき初めて当時の状況、子供集団の力学がわかった。自分ではそんなこと考えず、気づきもせずに、ただひたすら自分の心を、アイデンティティをまもり、貫いていたのだ。

＊

このところ学校での〝いじめ〟問題が大きく取りあげられている。陰湿化して、ますますじわっとひろがっているようだ。いじめられることに耐えかねて、自殺

してしまう子。大きくなってもその恐怖、心の傷から逃れられず、ゆがんだままの人生をたどってしまう人。……悲惨だ。

七つ、八つの子供の頃から、ずっとそういうコンプレックスを持って、一生を送るというのはなんと辛いことだろう。

とはいっても、いじめられる恐怖感を持つ、というのはよくわかる。そんな経験のない人が、人と向かいあってもいじめられやしないかと意識するのはよくないだとか、気にしない方がいいという。気にしないようにしようという気持ちが、逆に気にしてしまう結果になったりする。

どうしたらいいか。むずかしいものだ。

恐怖感を持ってないような顔をしている人でも、内心、恐怖感を持っている人はたくさんいるから、誰かと会ったら、〝ひょっとしたら、この人も恐怖感を持っているかもしれない〟と思って、相手に同情してやる。また、同時に自分自身にも同情してやる。〝オレもお前もほんとうに可哀そうなヤツだ〟と思うんだ。

こんなふうに自分と他人を優しい気持ちで見つめることによって、自分自身が救われるかもしれない。

いじめられるんじゃないかという恐怖心を持つのは〝人間〟だからなんだ。人間は他の動物よりも進歩している存在にみえるかも知れないけど、不安や恐怖感を抱かずにはいられない、悲しい運命を背負っている。

逆に人間のほうが他の動物より辛い、寂しい生き方をしているのは確かだ。だから見方をかえれば、人間として生まれてきた以上、恐怖感があるというのは、むしろ自然なことなのだ。

これから文明がさらに発達するにつれて、恐怖感を持つ人はもっと増えてくると思う。

恐怖感は自分一人でなく、これは人類全体の運命なんだと思って、取り組んでいけば、意外に救われるんじゃないか。

＊

ぼくは、プライドというのは絶対感だと思う。

自分がバカであろうと、非力であろうと、それがオレだ、そういう自分全体に責任を持って、堂々と押し出す。それがプライドだ。ところが自尊心だとかプライドだと言いながら、まるで反対のことを考えている人間が多い。

他人に対して自分がどうであるか、つまり、他人は自分のことをどう見ているかなんてことを気にしていたら、絶対的な自分というものはなくなってしまう。プライドがあれば、他人の前で自分をよく見せようという必要はないのに、他人の前に出ると、自分をよく見せようと思ってしまうのは、その人間にコンプレックスがあるからだ。

たとえば、自分はなんてバカなヤツだといいながら、そのくせ内心では、こっそり、いや、そんなこともないかもしれない、なかなかどうしてなんて思っているものだ。そういう複雑に絡みあったものがコンプレックスだ。

だから愛する人の前でも自分が愛されていると思いながら、すぐにコンプレックスが働いて、いや、ひょっとすると愛されていると思うのはひとりよがりで、ほんとうは愛されていないのじゃないかと疑問を持ったりしてしまう。つまり、こんなふうに神経的にいつも揺れ動いているわけだ。

そういうふうに揺れ動いて、悩むときはプライドの逆を考えるといい。ふだんは自分はバカなヤツだと思っているとしよう。それがプライドの逆目になるわけだから、そういうふうに自分を考えること自体、虚しさがある。だから、バカだ、いやしいと思うなら思ったで、むしろそう考えたほうが、自分自身に手ごたえを覚えて面白いじゃないかと思えばいいわけだ。

そういうふうに発想を転換すれば、プライドとかコンプレックスなんてものにこだわらなくなるだろう。そしてもっと人間的に生きていくことができる。

大切なのは、他に対してプライドを持つことでなく、自分自身に対してプライドを持つことなんだ。

他に対して、プライドを見せるということは、他人に基準を置いて自分を考えていることだ。そんなものは本物のプライドじゃない。たとえ、他人にバカにされようが、けなされようが、笑われようが、自分がほんとうに生きている手ごたえを持つことが、プライドなんだ。

相対的なプライドではなくて、絶対感を持つこと、それが、ほんとうのプライドだ。このことを貫けなかったら、人間として純粋に生きてはいけない。

だから、自分は未熟だといって悩んだり、非力をおそれて引っ込んでしまうなんて、よくない。

それは人間というものの考え方を間違えている。というのは人間は誰もが未熟なんだ。自分が未熟すぎて心配だなどというのは甘えだし、それは未熟ということをマイナスに考えている証拠だ。

ぼくに言わせれば、弱い人間とか未熟な人間のほうが、はるかにふくれあがる可能性を持っている。

熟したものは逆に無抵抗なものだ。そこへいくと、未熟というものは運命全体、世界全体を相手に、自分の運命をぶつけ、ひらいていかなければいけないが、それだけに闘う力というものを持っている。

人間はマイナスの面のほうも多く持っている。マイナスの面があればあるほど逆にファイトを燃やして、目の前の壁と、面と向かって対決するわけだ。

自分が未熟だからと消極的になってしまったら、未熟である意味がなくなって

うまいから価値があるんだというような言い方、考え方はまちがいだし、危険なのです。−(7)

しまう。そういうのは未熟のまま、だらしなく熟したことになってしまうのだ。

未熟を決意するのは、素晴らしいことだ。これはいろいろなケースにあてはめられる。たとえば空を翔ぶ鳥をみて、自分は鳥のように自由に空は翔べないと思う。また花盛りの木をみても、自分はあの花のようにまだひらいていないと思う。そこから新たなファイトがわき起こってくる。

たとえば、スポーツのチャンピオンや人気芸能人をみると、いかにも熟した魅力にあふれてみえるかもしれない。そういうふうにみること自体がおかしい。芸術家でもタレントでも、有名になればなるほどほんとうに気の毒だ。自分の地位や世間の評価ばかり気にして、逆に意味のないマイナス面を背負っている。その方がはるかに虚しいんで、名もない人間の方が、よっぽど無条件な精神力をもって、世界に挑むというファイトを持ち得る。

先年、日航機の事故で死んだ坂本九ちゃん。彼が『上を向いて歩こう』の大ヒットで、人気絶頂の頃のことだ。旅先のホテルで偶然一緒になり、飲んだ。取り巻きもいたし、ファンが押しかけて来てサインをねだったり、大変な騒ぎだ。ぼくがふっと「人気者は大変だなあ」と、ほんとうに素直に同情して言ったんだ。するとき、彼は突然、今までの調子のいい笑い顔から、ぎゅっと凄く真面目な表情になり、ウォッと泣きだしてしまった。

酔ってたわけじゃない。

ぼくは、そうか、彼にはわかってるんだなと思った。

センシーブルな人間なら、何かのはずみで押し寄せてきた人気が、自分自身とは関わりない、虚構の世界に渦巻いているということに気づかないはずはない。空しい。だが、彼自身どうにもならないメカニズムで、それはふくれあがり、彼自身を転がして行く。

みんなチヤホヤして、『上を向いて歩こう』の坂本九、人気者としてしか扱わない。それがどんなに非人間的なことか、誰も思おうとしないんだ。

だから彼は人気の渦中にいて、「人間」に飢えていたのかもしれない。ぼくのように歌手としての彼や世間の騒ぎにはまったく無関心で、ただ素直に、九ちゃんという青年の木綿のようなよさ、それがキリキリ舞いしている状況に同情し、嘆息したつぶやきが、スパッと「人気者」の皮を破り、耐えていた悲鳴をほとばしらせたのだ。

スポーツや芸能以外でもこういうことは沢山ある。つまり成功者の空しさだ。成功しない人間の方がはるかに充実していける。

*

未熟ということをプラスの面に突きあげることが人間的であり、素晴らしいことだと思わなければいけない。

よく世間一般では完成された人は素晴らしいというが、この世の中には、完成なんてことは存在しないんだ。完成なんてことは他人が勝手にそう思うだけだ。世の中を支配している〝基準〟という、意味のない目安で他人が勝手に判断しているだけだ。

ほんとうに生きるということは、いつも自分は未熟なんだという前提のもとに平気で生きることだ。それを忘れちゃいけないと思う。

熟すということは、技能や熟練とは関係がないというのがぼくの信念だ。芸術はもちろん、スポーツも歌も会話もすべて、下手なら、むしろ下手こそいいじゃないか。そう思って平気でやればいい。もっともっと下手にやろうと決心すれば、かえって人生が面白くなるかもしれない。むしろ、歌やスポーツや会話のうまいなんてヤツにかぎって世間の型や基準のもとに決められちゃって、それに馴らされている人間だ。

だから、うまいヤツほど自分がどの辺の位置に入るのか、まず〝基準〟の方を先に考える。

しかし、そんな基準なんて度外視して、下手なら下手なりに、自分は下手なんだと決意すれば、もっと自由な歌い方もできるし、スポーツにしても、ナリフリかまわず自由に動くことができるだろう。

下手ならなお結構、とはぼくが昔から言っていることだ。たとえば、うまいと評判の絵にろくな絵はないし、うまいと言われる歌にしても、ちっとも感動しない。

だからと言って、自分からひき退って、ジメジメして下手であることを認めては駄目だ。そうじゃなく、自由に明るく、その人なりのユニークな下手さを押し出せば、逆に生きてくると思う。また、その方が人に魅力を感じさせる。たとえば、みんなから歌がうまいと言われているヤツだって、自分はうまいけど、やはりあの人には劣っていると思っているものだ。

そういう人の前で、平気で下手に、明るく歌を歌ってやればきっとうらやましがられると思う。うまいというヤツにかぎって、今言ったようにどこかにコンプレックスを持っているもので、むしろ下手なことを明るく自認すれば、コンプレックスを持たずにすむじゃないか。

エゴ人間のしあわせ感覚

ぼくは〝幸福反対論者〟だ。幸福というのは、自分に辛いことや心配なことが何もなくて、ぬくぬくと、安全な状態を言うんだ。

だが、人類全体のことを考えてみてほしい。

たとえ、自分がうまくいって幸福だと思っていても、世の中にはひどい苦労をしている人がいっぱいいる。この地球上には辛いことばかりじゃないか。難民問題にしてもそうだし、飢えや、差別や、また自分がこれこそ正しいと思うことを認められない苦しみ、その他、言いだしたらキリがない。深く考えたら、人類全体の痛みをちょっとでも感じとる想像力があったら、幸福ということはありえない。

だから、自分は幸福だなんてヤニさがっているのはとても卑しいことなんだ。

たとえ、自分自身の家が仕事がうまくいって、家族全員が健康に恵まれて、とてもしあわせだと思っていても、一軒置いた隣の家では血を流すような苦しみを味わっているかもしれない。そういうことにはいっさい目をつぶって問題にしないで、自分のところだけ波風が立たなければそれでいい、そんなエゴイストにならなければ、いわゆる〝しあわせ〟ではあり得ない。

昔、〝しあわせなら手を叩こう〟という歌がはやったことがある。若い連中がよくその歌を合唱して、〝手を叩こう〟ポンポンなんて、にこにこやっているのを見ると猛烈に腹が立って、ケトバシてやりたくなったもんだ。

ニブイ人間だけが「しあわせ」なんだ。ぼくは幸福という言葉は大嫌いだ。ぼくはその代りに〝歓喜〟という言葉を使う。

危険なこと、辛いこと、つまり死と対面し対決するとき、人間は燃えあがる。それは生きがいであり、そのときわきおこるのがしあわせでなくて〝歓喜〟なんだ。

しかし、自分は幸福だと思っている人でも、何か自身のなかに、心の底の方には、逆の面、――つまり何か求めている、ほんとうにしあわせじゃない部分がある。

つまり、これでしあわせなんだと自分を納得させているが、一方にほんとうにしあわせなんだろうかというマイナスの面をあわせ持っている。人間として当然だ。外に向かって発言する時はそれをごまかして、なにごともないようににこにこしているが、もっと正直になって、恐れずに自分の内側を直視していいじゃないか。必ず心のどこかに満たされていないものがあるはずだ。

それとマトモに向かいあうことはなかなかスリルのある、しあわせなんかよりも、もっとキリッとした面白さだと思う。

＊

こんなに世の中にものが満ちあふれて、一見豊かになっているのに、ウツ病の人がふえているという。自殺者も多い。

ぼくは当然だと思う。何も芸術家や文学者だけが行きづまっているわけじゃない。世の中の誰もが行きづまっているのだ。

人間は精神が拡がるときと、とじこもるときが必ずある。

強烈にとじこもりがちな人ほど、逆にひろがるときがある。

ぼくだってしょっちゅう行きづまっている。

行きづまったほうが面白い。だから、それを突破してやろうと挑むんだ。もし、行きづまらないでいたら、ちっとも面白くない。

精神的な行きづまりは、芸術家だけの問題ではなくて、これは人間全体の問題だ。たまたま、行きづまって悲劇的結果になったとき、有名な芸術家の場合、衝撃的なニュースになる。芥川龍之介の場合もそうだし、三島由紀夫や川端康成の死もショックを与えた。

画家のゴッホも、行きづまりの結果、自殺した。彼はピストルを自分の身体に撃ち込んだんだけれど、その直前、丘の上で「駄目だ、駄目だ！」と叫んでいる姿を村の人が見かけている。彼はナマ身にピストルを撃ち込むことによって、自分の辿り着いた絶望的な芸術の袋小路をのり越えたんだ。しかしそのときはすでに遅かった。

オランダ人である彼は、パリの芸術家のなかでは異端者だった。ゴッホ自身が頼りにできたのは弟のテオしかいなかった。

ゴッホは、絵画の世界で自分を追求し抜いていって、しかしどうしようもないズレをついに克服できないことを悟り、絶望の果てに、自分の胸にピストルを撃ち込んでしまったのだ。

しかし、一発の弾が胸をさしつらぬいたとき、ゴッホは初めて、自分が追求していた芸術のほんとうの意味がわかった。

それは、どういうことだったかわかるだろうか。芸術なんてもの、それをみきわめて捨てたところから、開けるものなんだ。

芸術にあこがれたり、恐れたり、絶叫したり、追いかけたりしているあいだは、まだほんとうの芸術に到達することはできない。

アヴァンギャルドをみてもわかるだろう。あれは、芸術を徹底的に踏みにじり、そこからより先鋭的に自分を高めていく、芸術運動なんだ。ここで芸術論をやるつもりはないがもし興味があったら、ぼくの『今日の芸術』でも『アヴァンギャルド芸術』でも読んで勉強してみてほしい。とても面白いよ。

つまり、それは社会に挑む運動であり、非常に激しいものだ。また、それでなければ、意味がないじゃないか。

＊

ところでゴッホだが、彼はピストルを胸に撃ち込んで、まる一日生きつづけた。しらせを受けて弟のテオやドクトル・ガッシェが駆けつけた。そのとき、ゴッホは「煙草をくれ」と言って、静かに一人紫煙をくゆらせた。死はそうするうちにも刻々と迫ってくる。

ピストルを撃ち込んでから生きていたこの二十四時間、ゴッホはやっとつかんだ新しい芸術の世界を見ていた。

つまり、彼が画家として、芸術の力だとかその役割だとかにのめり込み、その枠の中でジタバタしていた間は見えなかった、次の時代の芸術、つまり芸術を否定した芸術であるアヴァンギャルドのあり方が、自らゴッホという肉体を殺し、もう絵描きとしてやれなくなった。

絵描きを否定したときにはじめて見えてきたということだ。

彼は決して死を選んだことを悔まなかった。生きていて真実の世界を手にできないでいるより、どれだけ充ちたりていたかわからない。

死は敗北だったかもしれないが、ゴッホは誇りを持ってその敗北を迎えた。

彼は最期にあたって、つぶやくようにこう言った。

「さて、いよいよ死ぬんだ」

ともあれゴッホは彼自身が作った世界で行きづまり、絶望したんだ。こんな痛ましい闘いの生涯があるだろうか。彼の絵からは彼自身のドロドロした凄絶な闘いが、見る人の胸に強くせまってくる。

透徹《とうてつ》した目でせまりくる死を前にして、なお、自分の世界を追求していった死にざま。

このものすごいドラマが、われわれに強く訴え、絶望させ、さらに勇気づけてくれる。それは、そう感じとるぼくらのドラマでもあるわけなんだ。

センシーブルなものを持っている者は、そうでない者よりも深刻な精神状態に追い込まれる。だから、行きづまりを打開できないままウツ病になったり、自分から死を選んでしまったりする。

行きづまりをきりひらくには、ぼくのように、行きづまりに追われたら逃げないで、むしろ自分自身を行きづまりに突っ込んでいく。

強烈に行きづまった自分に闘いを挑んでいくことだ。行きづまりをこえ、うれしく展開させてゆくんだ。

好かれるヤツほどダメになる

自分は内向的な性格で、うまく話もできないし、友人もできないと悩んでいる人が多い。

だが、内向的であることは決して悪いことではない。そう思い込んでこだわっているから暗くなり、余計、内向的にしているんじゃないだろうか。内向的ということをマイナスと考えたり、恥じちゃいけない。

生きるということを真剣に考えれば、人間は内向的にならざるを得ないのだ。

また逆に、自分が内向的なために、かえって外に突き出してくる人もいる。だから内向的であると同時に外向的であるわけだ。これがほんとうに人間的な人間なのだ。

歴史的に見て、英雄とか巨《おお》きな仕事をした人は、みんな内向性と外向性を強烈に活かしている。

たとえば、もって生まれた性格は、たとえ不便でも、かけがえのないその人のアイデンティティなんだから、内向性なら自分は内向性なんだと、平気でいればいい。内向性の性格は悪いことだと思っているから、ますます内向的になってしまう。

動物を見てもわかるだろう、動物に内向性の動物はいない。

人間だから、誰でもが内向性を持っているんだ。いくら派手に見える人間だって内向性を持っている。内向性で結構だと思えば、逆に内向性がひらいていく。

内気な人の表現力が、派手にチャカチャカふるまう人より強い印象を与えることもある。

ロベタの説得力ってものもある。平気でやれば、逆にひろがる精神状況が生まれてくる。

自分は消極的で気が弱い、何とか強くなりたいと思う人は、今さら性格を変えようなんて変な努力をしてもむずかしい。

強い性格の人間になりたかったら、自分がおとなしいということを気にしないこと——それが結果的には強くなる道につながる。

強くなろうと思えば思うほど余計、コンプレックスを持つだろう。

また、もともとおとなしい性格なのだから、急に強くなるわけもないし、強くなろうと力めば、わざとらしいふるまいになって、かえって周囲の失笑をかうことになる。

だからそんなことをやったら逆効果になってしまう。

それよりも、自分は気が弱い、怒れない人間だと、むしろ腹を決めてしまうほうが、ゆったりして、人からその存在が逆に重く見えてくるかもしれない。

もっと極端なことを言えば、強くならなくていいんだと思って、ありのままの姿勢を貫いていけば、それが強さになると思う。

静かな人間でそのまま押し通すことが、逆に認められるし、信用されるということは十分あり得る。

＊

サービス精神が旺盛で、ついまわりの期待するようにふるまってしまったり、チャラチャラと軽口を連発し、そのくせ軽薄だと思われてやしないかと内心絶望している人がいる。

近頃はテレビの番組でもふざけたり、笑わせたり、ガチャガチャやるバラエティが大はやりだ。

その影響か、一般の人でもお笑いタレントみたいなしゃべり方をする人が結構多い。

それはサービス精神かもしれないが、つまりはみんなに悪く思われたくない、自分がかわいい一念なのだ。

とかく、みんな自分を大事にしすぎる。自他に甘えているんだ。ほんとうに自分の在り方を、外につき出していない。だから、裏目が出てきてしまう。

自分でもそれを感じるだろうし、相手も裏目を感じて、深くつきあおうという気にならない。

なぜ、友達に愉快なヤツだと思われる必要があるんだろう。こういうタチの人は自動的にみんなに気をつかって、サービスしてしまうんだろうけれど。それは他人のためというより、つまりは自分の立場をよくしたい、自分を楽なポジションに置いておきたいからだということをもっとつきつめて考えてみた方がいい。

もっと厳しく自分をつき放してみたらどうだろう。

友達に好かれようなどと思わず、友達から孤立してもいいと腹をきめて、自分を貫いていけば、ほんとうの意味でみんなによろこばれる人間になれる。

自分で自分の在り方がわかってやることなら、もう乗りこえているはずだ。自分自身にとっていちばん障害であり敵なのは、自分自身なんだ。その敵であり、障害の自分をよく見つめ、つかんだら、それと闘わなければいけない。戦闘開始だ。

つまり、自分を大事にしすぎているから、いろいろと思い悩む。そんなに大事にしないで、よしそれなら今度から、好かれなくていいと決心して、自分を投げ出してしまうのだ。

駄目になって結構だと思ってやればいい。最悪の敵は自分自身なんだから。自分をぶっ壊してやるというつもりで。そのくらいの激しさで挑まなければ、今ま

自分を積極的に主張することが、自分を捨ててさらに大きなものに賭けることになるのです。自分を無にしてヘイヘイするという謙譲の美徳は、すでに美徳ではないし、今日では通用しない卑劣な根性です。
−(8)

での自分を破壊して、新しい自分になることはできない。

友達の間で軽薄な人間だと見られている。一種のヒョーキン者で通っている。そういう習慣とか役割というものは、なかなか変えようとしても、すぐに変えられるものではないだろう。

たとえ、変えられなくても、今日からの自分は今までの自分とは違うんだと意識のなかで覚悟を決めてしまうのだ。そして、たとえ今まで通りの行動をしても、そうすればもう軽薄に見られることはないはずだ。

矛盾は結構だ。

矛盾を、むしろ面白いと考え、そのズレを平気でつき出せばいいのだ。そうすれば、今までのオッチョコチョイとは違ってくる。今度はみんながホントウによろこぶ不思議な魅力を持った人間になる。

＊

自分をごまかせない人は当然悩む。とりわけピリピリとそれを意識して、辛い。だが、実は誰でも感じていることじゃないか。

あなたは言葉のもどかしさを感じたことがあるだろうか。とかく、どんなことを言っても、それが自分のほんとうに感じているナマナマしいものとズレているように感じる。たとえ人の前でなく、ひとりごとを言ったとしても、何か作りごとのような気がしてしまう。

これは敏感な人間なら当然感じることだ。

言葉はすべて自分以前にすでに作られたものだし、純粋で、ほんとうの感情はなかなかそれにぴったりあうはずはない。

何を言っても、なんかほんとうの自分じゃないという気がする。自分は創造していない、ほんとうではない、絶えずそういう意識がある。自己嫌悪をおこす。

そんなとき自己嫌悪をのり越えて、自分を救う方法が二つあると思う。まったく自分を無の存在と考えるか、あるいは徹底的にそんな自分自身を対決の相手として、猛烈に闘ってやろうと決めるか、どっちかだ。

どっちでもいい。ただ中途半端は駄目だ。

途中でちょっと自分を大事にしてみたり、甘えたりしたら、ぶちこわし。もとの木阿弥だ。徹底的に貫く。そうするとスッと嫌悪感が抜けてしまう。

人は自分を客観視しているように思っていても、実は誰でも自分が好きで、大事にしすぎているのだ。

そういう自分をもう一度外から眺めるようにしてみよう。〝なんだ、お前は。この世の中でマメツブほどのチッポケな存在だ。それがウヌボレたり、また自分を見くだして、いやになったりしている。バカなことだ〟と突っぱなして、いまの状態をアリアリと見るんだ。

それで投げてしまうんじゃない。自分がマメツブならそれでいい。小さな存在こそ世界をおおうのだ。

ぼくは昔、〝一匹の蟻〟という文章を書いたことがあるが、自分はほんとうにチッポケな、非力な、どうにもならない存在だ。でもこの小さな一匹の蟻が胸から血を流して倒れるとき、自分と一緒に世界が滅び去る……ぼくはそう実感する。いや、決意するといったほうがいい。

自己嫌悪なんて、いい加減のところで自分を甘やかしていないで、もっと徹底的に自分と闘ってみよう。すると、もりもりっとファイトがおこってきて、自己自身をのり越えてしまうし、自己嫌悪なんかふっとんでしまう。

第二章

個性は出し方薬になるか毒になるか

——他人と同じに生きてると自己嫌悪に陥るだけ

TARO

〝爆発〟発想法

ぼくは若い頃から、「出る釘は打たれる」という諺《ことわざ》に言いようのないドラマを感じていた。何かそこに素通りできない問題がある、という思い。

確かに、出る釘なんて恰好よくない。しかし、運命として、何としても出ずにはいられないから頭をもちあげたという感じ。それに対してこの世界は冷たい金《かな》槌《づち》で、容赦なくピシャッと叩きのめすのだ。

ぼく自身、それを生涯、骨身にしみて味わったが、すでに、もの心つくかつかないかの幼い時分、その予感を噛みしめていたようだ。この平たい世界から、どうしても情熱を燃やすと飛び出してしまう。出て行く運命というものを感じてならなかったのだ。「出る」のは固くて冷たい釘ではない。

純粋な人間の、無垢な情熱の炎だ。

しかし、小学校に入ると、もう忽《たちま》ち打ち叩かれた。システムの中では絶望的に叩きつぶされるのだ。ぼくが小学一年生を四つも学校を変え、転々としたのは、当時の先生、教育制度、その周辺の条件に抵抗した結果である。

だいたい、ぼくの家では父（岡本一平）も、母（岡本かの子）も、息子であるぼくを人間同士として、まったく対等に扱った。甘やかしたり、こまごま面倒を見てくれなかったかわりに、親だからと押しつけるようなことは一切しなかった。

そういうなかで純粋に、自由に育ったぼくは小学校に入ったとたんに、絶望的に社会の壁にぶつかった。

今でもよく覚えている。はじめ、家のすぐ近く、青山の青南小学校に入学した。胸をはずませて、一年生の勉強にとり組んだのだが。

ある日先生が「お前たちのなかで、一、二、三の数の書けるものがいるか」と質問した。

今は幼稚園に入るための塾さえある時代だ。小学生になって数も書けないなんて、考えられないことだろうが、その時分は学校に入るまで字なんか読み書きできない方が普通だった。誰も手を挙げない。

ぼくはインテリの家に育って、本なんかも自然に読むようになっていたから、一、二、三なんてお安い御用だ。「ハイッ！」勢いよく手をあげた。

先生はオヤッというような、ちょっと意外そう、いぶかる顔をした。

「書けるのか。出て来て書いてみろ」

ぼくは黒板の前に進んで行って、白墨をもらい、一、二、三……一生懸命書いた。四を書きあげたとき、

「ほうら、違うじゃないか！」

思いもかけず、トガッた先生の声がとんで来た。びくっとしてふりかえると、

「四は……（｜「ル一」と書いてみせて）……こう書くんだ。お前は口こう書いて、それからルを入れたじゃないか。それでは違う。なんだ書けないくせに！」

まるで悪いことでもしたように、憎々しげに、頭ごなし。

ぼくは、何で怒られたのか、わからなかった。四は四だ。ちゃんと書けたじゃないか。書き順が違っていたら、それはほんとうはこう書くんだよ、と優しく教えてくれればいい。それを、大人だ、先生だと思って威張りくさって！

ぼくはそれ以来、その先生の態度を信用できなくなった。学校に行くのがいやで、いやで仕方がない。母親は「学校に行きなさい！」と怒る。家を追い出されると、小学校の一年坊主にはどこにも行き場所がないのだ。のろのろ歩く。いくらのろのろ歩いても、もうすぐ学校に着いてしまう。それで道ばたにしゃがみこんで、暗い思いで小さなドブをのぞき込んだ。細いドブに赤やオレンジの藻のようなものがゆらゆらしていて、何かのごみがすうっと流れて行ったりする。

絶望的だった。

そのうち近所の親切なおばさんが「坊や、どうしたの。何か落としたの？　学校に遅れるよ」と声をかける。それでもじっとしているわけにはいかないから、仕方なく立ちあがって、また歩きだす。

いやいや学校に着くと、もう授業ははじまっていて、校庭はシンとしている。声を揃えて教科書を朗読しているのが聞こえてくる。

そーっと一年生の教室の戸をあけると、

「なんだ、また遅れて来たのか。うしろに立っていろ！」

何にもわからないで先生はどなるのだ。

＊

こんなことを繰り返して、とうとう一学期で青南小学校をやめてしまった。

今度は祖父母の住んでいた京橋の近く、日新学校という寺小屋のような学校に入った。校長先生一家も一緒に住んでいる私塾で、天子様の御学友を出したとかいって気位は高かったが、校長夫人を「御新さん」、娘を「お嬢さん」と呼ばせる。そういう雰囲気がぼくにあうはずはない。たちまち抵抗。どうしてもここにいるのはイヤだとがんばった。

ある夜、両親がやって来て、校長さんとながい間話していた。ぼくは家に帰してくれるのかと思って、いそいそしていたが、そうではなくて、寄宿舎としてだけここに寝泊まりして本石町の十思小学校に通わされることになった。

ここの先生がまた凄い。ムチを持って、ピシーリピシリと教卓を叩きながら、

「お前たちは親不孝だろう。出て来てあやまれっ」

その頃の小学生はみんな絣《かすり》の着物だった。教室中の子供たちがぞろぞろ出て行

き、教壇の前に絣の膝を揃えて頭を下げるのだ。

ぼくは腹が立って腹が立ってたまらなかった。——なんだっ！　親不孝なら、親に向かって頭を下げるんならわかる。どうして先生にあやまらなきゃいけないんだ。

許せない。それも高圧的に、ムチなんかふりまわして。

だが相手は先生で、こっちはヨチヨチした小学一年生だ。腕力でやっつけることもできないし、口で言いまかすことも許されていない。

だからぼくは、ただ黙ってジーッとにらみつけてやった。絶対に許さないぞ、という目つきで。

先生は大人であり、体制の側にいる。だから子供に対しては、マトモに、人間同士として純粋に向かいあおうとしない。かなり油断してもいるのだろう。平気でごまかしたりする。子供たちはそれを見抜いているのだが。

子供は子供でチャッカリしていて、先生のごまかしに気がつかないフリをして、ちゃんとあわせてやっているのだ。

体制側と、それに順応するものとのバカシあい。幼い世界にも、すでに立派に

大人になるまで目にふれ耳にしてきたすべてが、ものを自分の魂で直接にとらえるという、自由で、自然な直観力をにぶらせていることもたしかです。－(9)

成立している。

だがぼくはそれに抵抗した。

神様の次に神聖な存在であるべき先生が、卑しい態度をとったり、矛盾したことを言ってごまかしたりすると、許せなかった。ヨチヨチの子供が、一人ぼっちで闘った。出る釘は打たれる。打たれても打たれても、頭を、そして心を引っこめなかった。まったく孤独だった。一章でも言ったように、仲間の子供たち、ガキ大将のピラミッド集団とも闘った。辛くて、自殺したいと何度思ったかわからない。

ぼくは日新学校以来、慶応幼稚舎まで、小学校時代をずっと寄宿舎に入れられて過ごした。ある日、冷たいベッドの脚にもたれて、一人で板の間に坐っていた。ふと目についた釘の頭。少しゆがんで、孤独に、板の間からもちあがっている。見つめながら、ああ、「出る釘は打たれる」——耐えなければならない運命というものを、ナマに、ひしひしと感じとった思い出がある。小学校二、三年の頃である。

考えてみれば、その時代から、今日に至るまでぼくは少しも変わっていない。あらゆる場所、あらゆる状況で、孤独な、「出る釘」であったのだ。そして叩かれても叩かれても、叩かれるほどそれに耐えて自分をつき出してきた。……いや、むしろ、出ずにはいられなかった。それが情熱であり、生きがいだからだ。

＊

ところで、諺としてこのような、いわば残酷なイメージがあるということ。つくづく感じるのだが、ここには痛切な現実感がこめられているのではないか。何ごとについても惰性的であり、危険を避け、無難であることが美徳とされているのが日本一般のモラルだ。会社や近所づきあい、普通の人の処世術でも、議会における答弁にしても、経済人たちの発言・行動も、そして芸術表現までが何となくあたりの気配ばかり見回して煮えきらない。

だがそういう表向きの、さからうことのできない道徳観の一方に、このような皮肉な、強烈な表現が凝固している。これはピープルの心の奥底に、やはり人間的情熱として、打たれることの痛み、と同時に出る釘への悲願のようなものが渦巻いていた証拠ではないか。

打たれる釘の、悲劇的であり、矛盾をこめたありよう。残酷であり、滑稽でもある。

そんな姿への言いようのない共感、心にひっかかり、惹きつける何かがあったに違いないのだ。

でなければ、人生、まったく空しいからだ。

ぼくはかつて、「出る釘になれ」と発言したことがある。誰でもが、あえて出る釘になる決意をしなければ、時代はひらかれない。ぼく自身は前に言ったように、それを貫いて生きてきた。確かに辛い。が、その痛みこそが生きがいなのだ。この現代社会、システムに押さえこまれてしまった状況の中で、生きる人間の誇りをとりもどすには、打ちくだかれることを恐れず、ひたすら自分を純粋につき出すほかはないのである。

社会内の個。純粋であればあるほど人生というものは悲劇だ。人間はすべて矛盾のなかに生きている。だから矛盾に絶望してしまったら負け、落ちこむのだ。

それよりも、矛盾のなかで面白く生きようと、発想を転換することはできないだろうか。

テレビの「ガキ大将」という番組に出てくれといってプロデューサーが口説きに来た。どうやらぼくはガキ大将に見えるらしい。

だが実はまったく違う。ぼくはむしろ、いつもガキ大将相手に、たった一人で闘ったんだ、と答えた。

子供の時から、権威づらの圧迫には決して服従しないタチだった。――今でも、三つ子の魂百までだが――。子供同士はもちろん、先生とも対決した。ごまかしには絶対にうんと言えない。そのために小学校一年のときに、わが家のまわりだけで四つも学校をかわったほどである。

そんな話をしたらプロデューサーが、

「じゃあ、一匹オオカミだったんですね」

という。

冗談言っちゃいけない。そんな陰気なものじゃない。一人ぼっちのガキ大将だ。

子分は一人もいない。だがガキ大将よりふくらんで、そして血だらけになっていた。

「それはいい。そういうのは変わってて面白いです。是非出て下さい」ということで、ついにひっぱり出されたが。

また人はよくぼくのことを「教祖」だという。行動に断言的なところがあるからだろう。しかしここでも、信者は一人もいない教祖だ。信者なんて不潔だ。また親分子分の人間関係のお互いごまかしあい、利用しあういやったらしさ。

人間がこの世に生まれ出たとき、あのたった一人ぼっちで飛び出してきて、ケンランと輝く世界にぶつかったときの、あの孤独でありながら、みちみちた、……あれこそ子分のいないガキ大将、信者を持たない教祖の生きがいであり、誇りである。人間はみんなそうであるべきだと思う。

道は一本か、十本か

ぼくはよく成人式の講演を頼まれる。そのたびに言っているんだが、満二十歳ではじめて社会と対面する、大人になるというのは、えらく遅すぎると思う。選挙の投票権を得るとか法律的に責任を負わせる区切りとして二十歳という年齢を決めているんだけれど、精神的にそこまで待つ必要はまったくない。

いくつで成人として認めればいいか。ぼくは十歳前後で成人式を行い、もうちゃんとした社会人としてあつかうべきだと思っている。

なぜかといえば、七、八歳から十歳ぐらいの年頃になれば、自分と社会とのけじめがはっきりとついてくるからだ。

こういう意識がめばえたときに、今までの過去は死んで、社会のなかに人間として新しく生まれ変わるんだ。成人式は文明社会では祝うものだけど、本来はただ祝って楽しんですむものじゃない。厳粛に、きびしく、「社会」というものをつきつける、イニシエーションであるべきだ。

たとえば、南米アマゾンの奥地のある種族では、蜂をいっぱい袋にいれて、この袋を若者の皮膚にぱっと押しつけたりする。一匹に刺されても痛いのに、失神するほどの猛烈な苦痛だ。その痛みをもって、大人社会の――生きていく責任とはこういうものだと教えているわけだ。またなかには深い森へ若者を放って、若者はそこで自分一人の力と知恵で生きぬいて、帰ってこなければならないとか、奇怪なマスクをかぶった祖霊におどかされたり、恐ろしい儀式を課している種族もある。

その他に入墨をしたり、割礼をおこなったりさまざまだ。入墨をされる若者はその痛さに耐えながら、成人のきびしさと誇りを知るわけだ。

文明社会の成人式は、あまりにも形式的で、甘すぎる。はたちにもなれば、もう腐った大人だ。それがぞろぞろと市民会館や公民館に集まって、女性は振袖で着飾り、男性は背広を着て祝いを受ける。こんな形式的な儀式で大人としてきびしさに立ち向かっていく感動がわいてくるわけがないじゃないか。

＊

社会対個という問題はさけて通ることができない。大きな、重い、人間の宿命だ。

自分がまだ自由でない、と考えるのならば、それでもかまわないという気持ちで、平気でやってゆくべきなんです。「自由」ということにこだわると、ただちにまた自由でなくなってしまう。これはたいへん人間的な矛盾ですが。―(10)

しかし、この闘いはキツイ。妥協、屈辱の結果、欲求不満、いらだち、告発が群がりおこる。そして、社会のモラルがすり切れた布袋みたいにピリピリ裂け破れはじめているのが、近ごろのいじめや家庭内暴力をはじめ卒業式騒動その他だ。ぼくが子供心に、孤独の中に抵抗していた虚偽、それへの憤懣《ふんまん》が次第にあらわに社会現象になってきていると思う。

この世に苦しみ悩んでいるのは決して自分だけじゃない。世の中の人ほとんどが、おなじ悩みを持っていると言ってもいい。不満かもしれないが、この社会生活以外にどんな生き方があるか。ならば、まともにこの社会というものを見すえ、自分がその中でどういう生き方をすべきか、どういう役割を果たすのか、決めなければならない。

独りぼっちでも社会の中の自分であることには変わりはない。その社会は矛盾だらけなのだから、その中に生きる以上は、矛盾の中に自分を徹する以外にないじゃないか。

そのために社会に入れられず、不幸な目にあったとしても、それは自分が純粋に生きているから、不幸なんだ。純粋に生きるための不幸こそ、ほんとうの生きがいなのだと覚悟を決めるほかない。

自分はあんまり頭もよくないし、才能のない普通の人間だから何もできないんじゃないか、なんて考えてるのはごまかしだ。

そう言って自分がやらない口実にしているだけだ。

才能なんてないほうがいい。才能なんて勝手にしやがれだ。才能のある者だけがこの世で偉いんじゃない。

才能のあるなしにかかわらず、自分として純粋に生きることが、人間のほんとうの生き方だ。頭がいいとか、体がいいとか、また才能があるなんてことは逆に生きていく上で、マイナスを背負うことだと思った方がいいくらいだ。

先だって、ある身体障害者の音楽家に会った。顔のつやは良いのだが、筋が萎縮する病気で、手足ともに、なえ、ひんまがっている。痛々しい。車椅子に身をよじりながらハーモニカを吹いて聞かせてくれた。自分の作曲した曲なんだそうだ。やがてオーケストラと歌手がそれにあわせて歌いはじめる。彼の頬に涙が流れるのが見えた。

ぼくは異様な感動をおぼえた。曲や、涙にではない。この、一つのささやかな運命がクライマックスに達した瞬間。象徴的な瞬間にである。

あのゆがんだ手、足。動かない、もどかしい、ひんまげられた人生。ぼくはそこに、逆になまなましい「人間」の姿を見る思いがした。このように残酷に象徴化されているが、実はこれこそ人間そのものの姿ではないか。

人間だれでもが身体障害者なのだ。たとえ気どった恰好をしてみても、八頭身であろうが、それをもし見えない鏡に映してみたら、それぞれの絶望的な形でひんまがっている。しかし人間は、切実な人間こそは、自分のゆがみに残酷な対決をしながら、また撫でいたわりながら、人生の局面を貫いて生き、進んでいくのだ。

人間は確かに他の動物よりも誇りをもっているかもしれない。しかしその誇りというのは奇怪な曲折を土台にしている。悲しみ、悔い、恥じる。あるいは無言に、また声をあげて。しかしそれも人生の一つの歌にすぎない。

自分のひそかな歪みにたえながら、それを貫いて生きるしかない。そして救われたり、救われなかったり。目をこらして見れば、それがあらわに人間生活の無限のいろどりとなっているのが見えるだろう。とりわけ、強烈な人間像に接するとき、ぼくはふとグロッタの奇怪で峻厳《しゅんげん》な、そして圧倒的なイメージを目に浮かべる。

あの身体障害者の萎縮してひんまがった手を見ながら、ぼくは自分自身の肌にふれるような、むしろよろこびに似たセンセーションを覚えた。

それは痛烈に、やさしい感動だった。

＊

若者は解放されている。このように若さが自由感を与えられている時代は、かつてなかったろう。しかし、またそれゆえに、逆に自失していることも確かだ。一応、身ぎれいだし、表情は明るい。が、その内面のむなしさも、おおいがたいのだ。

この矛盾——彼ら自身はもちろん、いわゆる大人たちも、とまどってしまっている。自覚するしないは別として。

ところで、今ぼくは、大学に進もうとする現代の最も恵まれた社会層の若者に対して言うのだが、何がなんでも大学へ進む、進学しなければならないという要請、これはいったい何なのだろう。

大学出でなければ、社会的にいい地位にはつけない。だから大学に行くのだ。それにまた、大学出のガクレキは、〝紳士の身だしなみ〟でもある。大学ぐらい出ていなければ、恰好がつかないというわけだ。むかし、明治時代には「洋服」を着て、ヒゲをはやしているのが紳士の条件であった。近頃では、そんなものでは別段、尊敬されない。その代わりが、大学出という肩書。つまり、ヒゲのようなもの……と言ってしまえばよいわけだが、やはりそれでは済まないのである。

考えてみると、人生には、世渡りと、ほんとうに生きぬく道と二つあるはずだ。ところが、ほとんどの人間は、この世をどううまく渡っていくかという処世的なスジしか考えない。そして大学に進むということは、そのためのお守り札である。だから、別に学問がしたいという切実な願望があるわけではないのだ。

その証拠に、たいていの学生は大学にはいったとたん、てきめんに勉強しなくなる。人生をエスカレーションしていく、その手段なのだから。大学は学問の府だなどというが、今日、そんな美辞麗句は、誰もピンとこない。楽に、おていさいよく世の中に出る、エスカレーターである。

ぼくは思うのだが、かつて若者にとって、社会はもっと厳然としていたし、人生はもっと神秘であり、不可解であった。危険とスリルに満ち、希望と不安の間に揺れ動いていた。若い人生は、あたかもジャングルを押し分けて進む危険のようなものだった。

ところが、現在社会ではまったく違う。もはや至るところ、整然とルートがついているのだ。それも、たんたんとした舗装道路。

そこには、ハイスピードの直通大型バスが定期的に走っている。車の前面には行き先が明示してあり、それに乗り込みさえすれば、黙っていても目的地に着くのである。

子供のときから教育ママに仕上げられていく過程なんて、まさにハイウェー・

ドライブのようなものだ。スムーズで、間違いない。乗り換え場所、行き着く先の様子まで、はじめから全部わかってしまっている。今日の若者は夢がないとか、ばかにチャッカリして画一的だとかいう批判をよく聞くが、考えてみれば当然なのだ。両親の姿を見れば、自分の未来像もその背後にダブって見えてしまう。あれよりも、いくらかよいかもしれないし、下手すれば、ちょっと悪くなる程度。そんなにびっくりするほど違ったあり方など、考えようもないのである。

努力したところで、別に、どう筋書が変わるというのだろう。いや、なまじやりすぎると、逆にマイナスになる。適当に、ほどよく、調子よく。

バスに乗り込むために受験勉強は一応はするけれど、それが生きがいにつながっているとは、誰も思わない。今日の若者のむなしさがそこにある。それからのがれようとすれば、自殺でもするか、スピード、セックスなんかで瞬間的に自分をまぎらわすか、以外にはないだろう。

そんな気力もない大部分はただすわって、運ばれていく。みんなといっしょに。悪くもなければ、よくもない世界。……決して自分の足で踏み分け、イバラに顔

いい絵なんて、パリには、くさるほどある。そしてそんなことはちっとも面白くない。いくら深刻がって、ふんぞりかえったって、絵などというものは人生の一部であるにすぎない。……何だ、絵じゃねえか、と思ってしまう。−(11)

を引っかかれたり、猛獣とぶつかって息をのむ、というような真正の人生は経験しないのだ。何かスリルがあるとすれば、それはバスの窓ごしに、他の世界のドラマとしてかいま見るだけだ。

ぼくはたんたんたる道に乗って、大学コースを進んでいくことが悪いと言っているのではない。人生というものはまことに単純なようで複雑だ。また、その逆が言える。それを強力に意識し、操作することが必要なのだ。

ハイウェーをばく進しながら、その画一的、いわばスマートな身軽さを身につけながらも、しかし同時に、ジャングルの中を押し分けていくあの冒険。不如意。希望。失意とファイト。その孤独の戦いともいうべきロマンティスムを、意志的に自分に課すのだ。その対局的な相互作用に、身体全体をぶつけてこそ生きがいだ。

正義の裏・悪の裏

今、冒険という言葉をつかったが、ぼくは日常からとび離れたトッピな行動をすすめているわけじゃない。

確かに冒険と言うと、何か威勢がよいように聞こえるし、若者たちがロマンチックな夢に誘われるのも当然だろう。だがムード的にただ素朴に冒険、冒険と憧れるのには問題を感じる。ある意味では無責任な感じがするからだ。

冒険は賭けである。ならば一生を通しての闘いであるべきだ。人生全体が終わりのない冒険であるはずだ。それを一定の目的だけに限定して、あたかも事件のように、冒険がおこなわれたりする。つまり、いわゆる「冒険」の前提には何か甘えがある。

現代の小市民生活の単調さ、空しさは、一般的だ。だから束の間にもせよ、そこからの脱出をねがう気持ちはわかるのだが、「冒険」では実は己自身も、社会の運命も、小ゆるぎもしない。そういう安定した社会、生活、ふだんの土台に、いつでも戻ってきて心身を休められる。それを期待し、頼りながら、ただ一時期、羽目をはずしてみるだけ。全体的、全運命的責任はとらないのである。

だから、冒険が終わればまた非常に空しくなる。「太平洋ひとりぼっち」を決行し、再び世界一周に成功したヨットの堀江青年がインタビューに答えて言っていた。冒険を計画し、準備に取り組んでいるときが最高だ、と。正直な感想だろう。そのとき、実は彼は「冒険」をやっているのではない。着実に、人生に賭けていたわけなのだ。ところが、なまじ結果として「冒険」に限定されてしまったために、終わりがあるのだ。終われば空しい。だから、またやる。

ここにいわゆる「冒険」というものの空しさがはっきりあらわれていると思う。ぼくなら冒険と言わない。そんな些細なバランスの上でいい気になっているお遊びより、生涯を通じて、瞬間瞬間の「危険に賭ける」のが真の人間のあり方だと思うのだ。

それは繰り返して言うが、日常の空しさから逃げ、はみ出して、とっぴょうしもないことをやる、そんな特殊な行動や出来事などを言うのではない。

なぜ冒険家は一時的なものだけに身体を張り、永遠に対して挑まない、賭けないのだろう。ぼくの「危険に賭ける」というのは、日常の、まったく瞬間瞬間の生き方なんだ。

ぼくはさっき「出る釘になってやる」と言った。これは決してぼくだけの問題じゃない。生きがいをもって生きようとするすべての人の運命なのだ。それぞれ、人によって条件はさまざまだろう。

ただ、誰でもが本来やれる、やるべきこと。——たとえみんながイエス、イエスと言っていても、自分がほんとうにノーだと思ったら、ノーと発言することだ。もちろんそれだけで、今言ったようにこのとざされた社会、モラルの中では大きな抵抗を受ける。

純粋に強烈に生きようとすればするほど、社会のはね返しは強く、危機感は瞬間瞬間に鋭く、目の前にたちあらわれるのだ。

いつでも「出る釘は打たれる」。

だからといって気を遣って、頭を引っ込めてしまっては、人間精神は生きない。逆に打たれなければ——。「打ってみろ」と己をつき出す。打たれることによって、自他をひらくのである。ますます拡大して爆発する存在になるのだ。

前にも言ったように、普通のモラルでは安全な道を選んで、出る釘にはならない。己自身を駄目にしてしまう。だからすべてが裏目に出る。グジグジして、文句をつけたり、人のことが気になって陰湿に足を引っ張ってみたり、およそ空しい精神状況におちいってしまうのだ。

最後に繰り返して言おう。

「冒険」――それは甘えだ。運命への、自然への甘えた戯れ。ぼくがこの言葉を否定するのは、俗にいう「冒険」は気まぐれなお遊びであり、一時的なスリルで満足してしまう、運命全体を負わず、再びもとの惰性に戻ってしまうからだ。虚無に打ち勝たなければならないのに、逃げてしまう。

＊

ぼくは遊びを否定しているのではない。遊ぶなら遊べばよい。無目的の、無償の行為は素晴らしい。ちょうど子供たちが、大人がハラハラするような遊びを嬉々として楽しんでやっているように。

それは遊びというものが人間にとって自然な本能だからである。人間は本質的に、ホモ・ルーデンスなのだから。

ただ大人になるに従って、多くの人がその自然さ、無邪気さを失ってくる。それを再獲得するきっかけとして、つまり自分がほんとうに生きることの跳び板として、いわば「冒険」というお遊びがあるのなら、あって当然いいだろう。

ただ、それを通して、自分の運命に責任を持つか、持たないかだ。

甘えた「冒険」ではなく、恰好をつけた変わったことをやってみるのではなく、日常生活の中で、この社会のどうしようもないシステムの中にがんじからめにされ、まき込まれながら、しかし最後まで闘う。それこそ、危機にみちた人生だ。何でもないことに筋を通すことの方が、カッコいい冒険よりもはるかにむずかしいし、怖ろしい遊びなのだ。このようにして人生すべてが冒険なら、あえてある時点において、自分を特殊な状況において自己満足する必要はないだろう。朝起きてから寝るまで、瞬間瞬間の闘い。ごく些細なものから、重い決断まで、さまざまだ。瞬間瞬間に賭けて、人生の価値をまったく転換してしまわなくてはならないのだ。

人生、即、絶望的な闘いなのである。

それは絶え間のない、永遠の冒険だと言ってもいい。

しかしそれならば、今さら「冒険」などと、カッコいい、安易な言葉を使う必要はないとも言える。

人間は、必ずしも成功することがよろこびであり大事なのではない。闘って、後にくずれる。その絶望と憤《いきどお》りの中に、強烈な人生が彩られることもある。

成功は失敗のもと

俗に〝失敗は成功のもと〟という。そんな功利的な計算ではなく、イバラの道に傷つくことが、また生きるよろこびなのだ。通俗的な成功にいい気になってはならない。むしろ〝成功は失敗のもと〟と逆に言いたい。その方が、この人生の面白さを正確に言いあてている。

たんたんとした道をすべって行くむなしさに流されてしまわないで、傷つき、血のふき出る身体をひきずって行く。言いようのない重たさを、ともども経験し、噛みしめることだ。それが人生の極意なのである。

たとえば、ぼくは思うんだが、総理大臣になった人の顔を見てごらん。むしろ気の毒のような顔をしている。総理大臣なんかにならなかったほうがよかったんじゃないかとよく思う。人間としてひらいてこない。議会で答弁するときだってそうだ。そのときの顔つき、答弁の仕方、あれはほんとうの自分をいかしてない表情であり、しゃべり方だ。ぼくはそういう光景を見るたびに、気の毒だなと思う。かわいそうなヤツだと思う。

それと同じように、会社の社長にしたって、偉くなるにつれて顔がショボくれている人がよくいる。

それよりも、たとえ貧しくても、社会的に評価されなくても、無条件に生きている人のほうが素晴らしい。

貧しいということは、苦しいかもしれないが、逆にその苦しいことが素晴らしい。だから一般には苦しい生き方をしていると、自分をみじめに思ってしまうが、これは大きな間違いだ。

*

どういう風の吹きまわしか、経営者ばかりを集めたセミナーに話をたのまれた。僕の前の講師の話は、日本が今や個人所得の水準でもヨーロッパを越え、世界二位、やがてアメリカをおさえ、しのぐという勢いのいいものだった。

まことに結構。だがそういう話を聞くたびに、ぼくはいつでも、ふと、それが一体われわれの運命をほんとうに変えて行くのかという、いささか絶望的な反問が心に浮かぶのだ。

ぼくの番になった。壇上からあらためて聴衆を見渡し異様な気分にとらわれた。……見るからに経営者。ビジネス、利潤追求だけに専念している、その外の人生は、ゴルフかマージャンだけというような。みんな同じ顔、同じ目つきで、ネクタイを締めて、ゾロッとすわっている。禿げた人、四角い顔、眼鏡、それぞれ違うのだが、同質に見える。ふと、何か異種の動物の前に立たされているような気持ちになった。

ぼくは率直にその感想を話した。経済がどんなに成長しても、逆に人間喪失のむなしさはとり返しがつかないのではないか。ここからお見受けすると、みなさん、一目見て、いかにも経営者、商売人だ。それ以外の何ものでもないというところに、人間の全体像を失っている現代文明、そしてこれからの運命が象徴されている。その傾向はますます増大していくだろう。どんなに富裕になっても、人間像のふくらみがなかったら。……俗に言われるエコノミック・アニマルであるにすぎない。

日本は確かに経済大国になり、一応成功した。だがその成果の裏には大きな落としものがある。ぼくにはそれがこういう形で、つきつけられているように思える。あなた方、一人一人が、独自な人間像の魅力を強烈に放射するようになったとき、そのときこそ経済生活も人間本来の誇らしさを回復するのではないか……。

もちろん、これは経営者だけのことではない。この社会のメカニズム、近代主義のなかで踊っている政治家しかり、芸術家しかり。

独自に生きたくても、現実にはむずかしいというかもしれないが、その矛盾と闘わなければ駄目なんだ。闘えば、そのことのなかに自分の生きがいが発見できる可能性は大きいのだ。

若い人たちに言いたい。ただのなまぬるいサラリーマンになることは容易だ。しかし、そこではほんとうの自分をごまかして、画一化するより他はないのだ。それよりも、自分の目、手でふれる、だからこそ危険な道をきりひらいて行くべきだ。

決して遅くはない。諦めて、投げてしまってはならない。あえて敗れることを決意して、社会にぶつかるのだ。それによって、さらに大きな、輝かしい人間像を形成していくのである。

＊

よく、あなたは才能があるから、岡本太郎だからやれるので、凡人にはむずかしいという人がいる。そんなことはウソだ。

やろうとしないから、やれないんだ。それだけのことだ。

もう一つ、うまくやろう、成功しようとするから、逆にうまくいかない。

人生うまくやろうなんて、利口ぶった考えは、誰でも考えることで、それは大変卑しい根性だと思う。繰り返して言う。世の中うまくやろうとすると、結局、人の思惑に従い、社会のベルトコンベアーの上に乗せられてしまう。一応世間体もよく、うまくはいくかもしれないが、ほんとうに生きているのではない。流されたままで生きているにすぎない。

そして非常に悪いことは、自分はほんとうに純粋にこういうことをしたいと思っているが、それを世の中は許してくれない、しかも、自分はさまざまな悪条件の中にあるので、もし違ったところで生活していれば、できるかもしれないが、今の状況では、というようにやたらに障害の項目を並べたてることだ。

それは、弁解のために、自分に言って聞かせ、他人に納得させるために盛んに障害を言いたてているにすぎない。

ぼくの考え方はこの逆だ。ぼくはこういう制約の多いところでこそ自分のしたいことをするのがほんとうの行動になると思う。むしろ社会や周囲の全部が否定的であればあるほど行動を起こす。

ただし、言っておくが、それが中途半端だといけない。中途半端だと不明朗になる。そういうケースはずいぶん多くある。止むに止まれずやったことが、途中で半分腰が砕けると、相手に対しても何か変なことになるし、自分のポジションも奇妙なことになって、〝やらなきゃよかった〟という悔いばかりが残ることになる。

それをとことんまで明朗に、自分をごまかさずにやれば、案外通るものなのだ。そしてそれが嫌味ではなくて魅力になって、みんなにプラスになるから、〝ああ、やってよかった〟と思えるようになるのだ。

自分の正しいと思ったことを、平気で明朗に表す。そうすれば、どんなに制約のあるところでも、みんなが明朗になって、やる気になって楽しく生きがいのある生活に巻き込まれていくだろう。

＊

こんな話を聞いたことがある。

インドでたいそう古い石の彫りものを発掘した。とても読めないような古代

いったい子供は「絵」を描いているのだろうか。「絵」ではないのだ。自分の若々しい命をそこにぶちまけている。–(12)

文字が彫りつけてある。学者が長い間かかって研究の結果、やっと解読したら、「近ごろの若いものはだらしがない。嘆かわしい限りだ」と書いてあったそうだ。笑えない。

このように大昔から、若者はいつもそういう疑わしい目で見られてきたのだ。若者は何といっても純情である。ケガレない目で世界を発見し、己を主張したい。しかし、断固として主張するには、どんなに障害があることだろう。大人の社会は不純で複雑だ。タテマエと本音が交錯し、ねじれあい、奇怪でさえある。だから若者が率直な自分の考えを口に出せば、なんだ青二才が、とガツンとやられる。また実行力を持てば世の大人たちに憎まれ、卑劣な妨害もされる。結果、つい絶望して、黙ってしまうのが多い。

口をつぐんでしまうだけならよい。そこから奇妙なコンプレックスがはじまるのだ。

自分ができない、発言できないことを、人に先んじられるのは何か面白くない。自分たちの仲間で、誰かまっすぐに、平気で発言するものがあると、たとえ正しい言葉であっても、何となく反感を覚えて、引きおろしたり、けん制したくなったり、素直に認めようとはしない。卑小なイビツ根性。やがてお互いにちぢかんでしまう。

自由に、明朗に、あたりを気にしないで、のびのびと発言し、行動する。それは確かにむずかしい。苦痛だが、苦痛であればあるほど、たくましく挑み、乗りこえ、自己をうち出さなければならない。若いときこそそれが大切だ。この時代に決意しなければ、一生、いのちはひらかないだろう。

＊

激しく挑みつづけても、世の中は変わらない。

しかし、世の中は変わらなくても自分自身は変わる。

世の中が変わらないからといって、それでガックリしちゃって、ダラッと妥協したら、これはもう絶望的になってしまう。そうなったら、この世の中がもっともっとつまらなく見えてくるだろう。

だから、闘わなければいけない。闘いつづけることが、生きがいなんだ。

しかし、今まで、ぼくはずいぶんと闘ってきたが、世の中が変わらないどころか、逆に悪くなってきている。つまらなくなったことは確かだ。

変えようと思っても、変わらないのは事実なんだ。だけど、挑むということでぼく自身が、生きがいを貫いている。

ぼくは絶対に、変わらない社会と妥協しない、これが、ぼくの姿勢だ。

第三章

相手の中から引き出す自分それが愛

——ほんとうの相手をつかむ愛しかた愛されかた

TARO

愛の伝え方を間違えると

孤独だなあ、と思うことがあるだろう。

友達がいないわけじゃない。家族もまあまあ仲よく穏やかにやっているし、別に問題はないんだけれど……。

あるいはまったく物理的に一人暮しの人。

さまざまの条件のなかで、それぞれ彩りは違うけれど、人間はみんな孤独なんだ。

そして、何かの折に、孤独だなあ、と言いようのない淋しさを噛みしめる。

なぜ、淋しいんだろうか。

人間はみんな孤りで生まれてきたんだし、結局は孤りで死んで行くしかない。

それが常態であるならば、淋しいはずなんかないのに。

ぼくは、それは人間が孤りだけでは全体になりえないからだと思う。

個体は完結しているように見える。だが実はそうではないんだ。

神話はそれをちゃんと見ぬいて、的確に表現していた。……天地創造のとき、イザナギとイザナミという男女の神が出現した。二人はそれぞれ「なりあまれる」ところと「なり足らぬ」ところがあった。それで宇宙の中心である柱のまわりを廻る。お互いに別の方向に廻って行き、パッと出会って、相手を発見する。そして結ばれる。……ここで初めて人間の運命がスタートするのだ。

ぼくはこの愛の神話から、こういう意味を読みとる。男も女も、一人一人では全体ではない。向かいあって、相手を見て、一体になってはじめて一つの全的な存在、いわば一つの宇宙になるのだ、と。

神話の場合には、象徴的な男と女、イザナギとイザナミしかいないからいい。けれど、われわれのような末の世の住人、五十億以上ものなかの一人になると、ことは大変むずかしい。

自分が何か充ち足りていない。欠落した部分がある。それを求める渇望はうずいているんだけれど、それが何によって充たされるのか。ひたと向かい合って一

私は幼い時から「赤」が好きだった。血を思わせる激しい赤だ。自分の全身を赤にそめたいような衝動。この血の色こそ生命の情感であり、私の色だと感じつづけていた。−(13)

体になる相手は誰なのか。

これが「愛」の問題の根底だと思う。

だから人は自分にないもの、むしろ反対のものに惹かれるんだ。

永劫の昔に自分のなま身から切り放された半分を、ほとんど盲目的に求めている。運命的な出会い……それは相手を充たすことでもあると同時に自分がほんとうの自分になることでもある。

＊

〝あなたはなぜ、結婚なさらないのですか？〟

という質問をよく受ける。

しかしぼくはパリ時代、何人もの女性と同棲しているから、これは役所に届け出なかっただけの話で、実質的には何回も結婚生活をしたことになる。

その中には三年、二年、一年、半年、一カ月のも、数日のもあった。一晩のも随分あったけれど、これは同棲とは言えないだろう。

同棲のキッカケとなる恋のはじまりというのは、ぼくの場合、つき合っているうちにだんだんと、といったものではない。それはある一瞬からはじまる。目と目が最初に出会った瞬間、何かを感じ魅きつけられる。当然、美女に魅きつけられることのほうが多いが、これがつき合っているうちに美女でない感じになってくることもある。

あるとき、街で出会った女性に一瞬で魅せられ、うちとけあい、じゃあ……といって、ぼくの部屋に来て、彼女が帽子をとった途端に、何ともつまらない感じになってしまってがっかりした経験がある。帽子のかぶり方があまりにうまかったため、見あやまったわけだが、恋のはじまりは瞬間でも、つき合いが長びくかどうかは、美醜よりも人間味にかかわる問題だろう。

ぼくは、どんな女性に出会っても、まず漠然と恋の対象になり得るという気分になり、夢をかける。そのとき、相手がまっすぐにこちらに向きあい、ごく自然に振舞えば、おのずと魅力があふれる。だが、素直で明朗でないとすぐ幻滅する。

フランス女性だと、好きな相手には、〝好きよ〟という態度をはっきり示すし、〝冗談よ〟とか、〝あなたは人間として好きだけど、恋愛する気持ちはないわ〟という態度を明確にする。

ところが日本の女性は、つつましいのは結構だが、まともにこっちを見ようともしないのはつまらない。列車の中などで、ああ素敵な人がいるなあと思って、じいっと見ていると、気がついているのに、知らん顔で窓の外を見ていたり、またすうっとこっちをよけて別の方向に視線をそらしてしまう。だから「出会い」にならない。

こちらが男に生まれた義理で、たまに色っぽいお世辞の一つも言うと、〝まあフケツ〟と眉をひそめ、それじゃあとサッパリして安心していると、突然深刻なラブレターを送りつけてくる。それでまた会ってみると、まったく感情を表に出さないのだ。

やりにくいったらない。

＊

ぼくは十八歳でパリへ行って、パリの郊外のショアジー・ル・ロアにある、パンシオン・フランショという学校の寄宿生になった。そこで、フランスの若者たちと一緒に暮し、数学や歴史の勉強から、詩の朗読、音楽の合唱なんかまで、ふつうのフランス人の一般的な教養を身につけたわけだ。一ぺんに日本的なちっぽけなモラルから解放された。

ぼくがいちばんびっくりしたのは、ぼくより若い十六、七歳の同級生の女性たちとの交際法だった。

当時、日本では儒教の教えがモラルになっていたが、パリにあったものは、日本では堕落と言われかねない、まったく自由な雰囲気だった。

寄宿舎では毎週、水曜と土曜の午後だけ、外出することが許されていた。一緒に外に出ると、十六、七歳の同級生が偶然、道でこれはと思う可愛い女と出会うと、積極的に声をかけて、彼女と一緒に腕を組んで行ってしまう。ぼくの方を振り返って、じゃあ、とちょっと眼で挨拶するだけで、これが日本でやるような淫らな感じではない。日本では異性はあこがれや羞恥心の対象だったから、謎の存在でもあった。しかし、これじゃいつまでたっても駄目だ。その謎のなかへフランス人のように積極的に飛び込んで行かないかぎり、ぼく自身、自由にはなれないと思った。

そこで、あらゆる機会に女性に声をかけ、気楽に愛の告白を試みた。つまりスポーツ的スリルを味わった。そのうち、ぼくはほんとうに一人の娘にまいってしまったんだ。その娘はアルゼンチンの富豪の令嬢で、ノエミといった。でも、ノエミは恋のしたたか者で、ぼくは一年間というもの彼女にホンロウされ、結局その初恋は実らずに終わってしまった。

初恋を終えて、初めて勉強に打ちこめるようになった。ぼくの熱病がさめてからノエミに逢ったとき、彼女は悲しそうに、〝ああ、あなたはすれた大人になってしまったのね〟と言った。つまり初恋は一つの卒業なんだ。

誰でも初恋を経験して大人になる。さめてしまえば、なぜあんなに熱病みたいに悩んだのだろうと思う。

それは大人になった嬉しいような悲しいような証拠でもあるんだ。

愛する人の前に行くと、思ったことが言えなくなり、かえって逆な行動をとってしまったりして悩むというのは、自信のない人やシャイな人なら、誰でも経験することだろう。とりわけ思春期っていうのは不器用にとまどうものだ。

近頃の若者は、セックスも開放的だなどと言われているが、スラッとなめらかに行くことが必ずしもいいとはかぎらない。ギクシャクしたり、自分が引き裂かれたような、熱く、苦しい思い、そういう情熱の混沌を体験することは、かけがえのない青春のアカシと言ってもいい。

ところで、愛をうまく告白しようとか、自分の気持ちを言葉で訴えようなんて、あまり構える必要はないんじゃないだろうか。

身体全体、存在全体が愛の告白になるはずだ。

いつか『キタキツネ物語』という映画を見たけれど、流氷に乗ってやってきたオス狐が、広大な北の原野でメスに出会う。二匹の狐は走り回り、追っかけあう。そして結ばれる。一言でも、告白なんてしたわけじゃない。

人間も自然なんだから、殊に、男と女のセクシュアルな出会いというのは、自然そのものなんだから、もっと自然のままに平気でふるまえばいいとぼくは思う。

相手も自然にわかっているはずだ。愛しているなんて、ハッキリ言葉で表現しなくても、さり気ない会話の最中の眼差しや態度が十分、ホレているという告白の代弁になることを知るべきだ。

スムーズに愛情を表現できない、ああ駄目だなあと思ったら、素直にニッコリとして、ああ駄目だとそのまま進むんだ。逆にプラスの面でその人柄が相手に伝わるから、かえっていいかもしれない。

〝その一瞬〟を止める方法

パリでさまざまな女性と出会い、一緒に暮したが、不思議なことに、一度も彼女らとけんか別れをしたことがない。うらみつらみを伴う別れは一回もなく、いつでも何かしらお互いの事情があって自然に別れただけだった。

あるとき、とても知的で、色っぽい、チャーミングな女性とキャフェでビールを飲んでいた。「そういえば、あなたと一緒に暮してたことがあるね」ふと気がついて言うと、彼女はにっこり笑って「そうね、あのときは楽しかったわ」何か悩ましい、いい匂いの風が吹き抜けていったような気がした。

最後に別れたのは、オーストリア系のウィーンの女性、ステファニーという名だった。彼女とは二年ほどの燃えるような生活を共にした。ショーダンサーで、パリの有名な劇場で踊っていた女性だが、とてもきれいで、ぼくが一緒に街を歩いたり、キャフェなどに入っていくと、フランスの友達も気になるとみえて近寄ってくる。

「あんな美女をどうしたんだい?」

「紹介してくれよ」

とか、いろいろ言われたものだ。

ショーがはねる頃、よく劇場に迎えに行った。楽屋の入口にはしっかり者のお婆さんが編みものなどしながら頑張っていた。誰も中へ入れてもらえないのだが、ステファニーはスターだし、ぼくはその恋人ということがわかっているので、にっこり笑って通してくれる。入って行くと踊り子たちが忙しい幕間の衣装替えで、ほんとうに何一つ身につけない真裸でお化粧を直したり、笑ったりしゃべったり、賑やかだった。

彼女が踊りの仕事の契約で、時々パリを離れることがあると、帰りにはいつもぼくが駅まで迎えに行き、街の中を二人抱き合って部屋まで帰ってきたり……というそんな生活だった。

だが、ドイツとフランスの戦争がいよいよ激しくなって、彼女はパリにいられなくなった。ぼくが北停車場まで送っていったのが最後の別れとなった。

戦時下で、北停車場には武装警官がひしめいていて、ものものしい雰囲気だった。

そんななかで、改札口を入った彼女は悲しそうな顔で柵越しにぼくを見つめ、立ち去りかねている。ぼくたちは柵をはさんで抱き合い、熱烈な口づけを交した。その柵越しのキスがぼくたちの永遠の別れになった。

彼女と知り合ったのは偶然で、目と目が合い、話しているうちに、お互いが離れがたい感じになってぼくの部屋に来て、ごく自然に一緒に暮すようになった。

ぼくはその頃、パリ大学・ソルボンヌで哲学や社会学を学んでいた一介の学生にすぎず、無論金も名もない若い日本人だから、男と女が一緒に暮そうとする動機といえば、ただお互いに好きになったという以外、何もない。

まったくその頃の恋愛ほど、無条件で純粋なものは、ついにその後日本に帰って来てからは経験できなかった。西欧人が日本人に比べて純粋であるかどうかは知らないが、ぼくがいたモンパルナッスを中心としたパリには、芸術家が多く集まっていたから、自由な雰囲気があったといえるのかもしれない。

純愛とは、男女関係につきものの瑣末《さまつ》な利害をのりこえたまったく無条件な愛の姿だ。愛と言いながら、ほとんどの場合、相手の好意に期待するとか、それによる孤独からの脱出、あるいは生活上の便利さなど、いろいろな条件の枠を前提にしている。だが、純愛とはそんな諸条件を抜きにした生きがいなのだ。

好きになった男と女が、無条件に自然にそのままの姿で合体する。それが純愛である。

ヨーロッパのふつうの家庭では、娘は二十歳を過ぎると、部屋を借りて独立する。また十七、八歳でも仕事を見つけて働き出すと、親は何も言う権利がなくなるので、彼女は思うような生活ができる。男と二人で暮したほうが何かと生活しやすくなるから、自然と同棲生活者が多くなる。

愛情だけが二人の仲を結んでいる。無条件の関係だから、男も女も相手に対していい加減にはなれない。その緊張感が女を、また異性としての男をみがくのだ。パリの男も女も年をとってからも何か色っぽいのは、こういう気風と関係があると思う。

＊

ポーレットという美少女と暮していたときのことだ。彼女のお母さんは若い頃の恋でポーレットを産んだのだが、相手の男は不実で、やがて家を出て行ってしまった。

残された母子はかなり苦労したようだ。今やっとポーレットも独立し、お母さんも一人暮しだが穏やかな生活を送っていた。そこへ、昔の男、つまりポーレットの父親が帰って来たのだ。何でも外国へ行ってかなりきわどい暮しもして、小金もためたが疲れはてた様子で、ひどい年寄りになったように見えるという。

知らせを受けて母親の家に行ったポーレットが帰って来た。

「お母さんは半狂乱のようになって、パパをなじり、パパがいなくなってどんなに大変だったかと恨み言を言ってるの」

「そりゃそうだろう。お母さんは随分辛い思いをしたんだから」

「許せないのなら仕方ないけど、パパだけを責めるのは間違ってると思うわ。二人は愛しあって結ばれたのよ。ママンだってそのときは十分みたされていたと思うわ。二人の人生が別れてしまったのは、それなりの理由があったに違いないし、今になって恨んでみたって仕方がない」

ちょっと目尻のさがった可憐な容貌で、ふだんは甘えっ子のように優しく柔らかいポーレットだったが、そのふっくらした可愛らしい唇から、意外にきびしい、キリリとした言葉が出てくるのにびっくりした。

覚悟が違うんだ。だからパリの女は甘いだけではなく小粋に見えるのかもしれない。

＊

さて、出会いのはじまりだが、ぼくは、初めて接吻するときの態度がとても大事だと思う。その女性の実体があらわになる。それは精神と肉体が微妙にからんでくる瞬間である。その受け方、拒み方で、その人本来の自然のセンスと、オーバーに言えば人生観がおのずと浮かび上がってくるものである。

いかにも重大なものを許したという大袈裟な態度をとる女性は愚かしい。かと言ってあまり何でもないという調子では、有難くもないし、興ものらない。ためらい、投げ出し、そして自分の行為に対して悪びれない。そういう女性こそ、いじらしく、可愛らしく、頼もしい。

あわてて、男が気にするより先にこちらにつけてしまった口紅を拭きとろうとされたりするのもかなわないが、いつまでたっても一向に無頓着でいられるのも困る。

これはスライドして考えれば、そのまま肉体関係の種々のケースに当てはまっていく。

いわゆる教育やしつけで教えたり教わったりできないものだけに、その人のセ

過去によって現在があるのではない。逆に現在があって、はじめて過去があるのだ。-(14)

ンスがひとりでにおこなわしめるコケットリーが問題なのだ。

肉体関係の場は、自然であるだけにまったく正直であり、強力な、男女間の一番の危機の瞬間を含んでいる。これを乗り越えるには、細心の注意となまめかしいデリカシーが必要である。

一瞬が人生を決定することがある。心身共に興ざめの瞬間にぶつかると、男はいかんともしがたくなるから。

もう一つ、ぼくを急速に興ざめさせる言葉がある。ちょっとつき合って、お互いにまだとけあっていないのに、すぐ〝結婚して〟と言われることである。こうなると一瞬に情熱がさめてしまう。結婚というのがまるで就職かなんかのよう。打算であり、心はその次ということ。

＊

ぼくは、結婚という形式が好きじゃない。

男と女の関係は、証明書を登録し、形式的にワクにはめられるようなものではない。一人の男性は、すべての女性にとって、友達であり、影響をあたえ合う存在であるし、一人の女性は、すべての男性にとって、つながりうる存在であるはずなのだ。しかも、男の存在のしかた、女の存在のしかた、その双方がむすびついて、初めて、広がりのある〝世界観〟が形成されると思う。

形式的に結婚というかたちで、男と女がたがいに他をしばりあう。2DK、3DKと、小さな境界線を立て、けちくさい空間、スペースに自らをとじ込める。

これは卑しい考えだ。

小市民的な平穏を、いじましくまもるだけの考えではないだろうか。

人間には、自由という条件が必要だ。自由というのは、たんに気楽にやりたいことをやるのではない。そうではなく、できるかぎり強烈な人生体験を生きるのが、自由の条件なのだ。

ところが、結婚は、人間の手かせ、足かせにしかならない。

結婚という形式にしばられた男と女は、たがいに協力し合うのではなく、相手の行動に反対の作用をする――こうして、たがいに、人間の可能性をつぶし合うしかない。あるいは結婚という不自由があるからという理由で、自らが自由を実現できないことの、ゴマカシにしている。

つまりは、結婚が人間を卑小な存在にしているわけだ。

男が、女が、〝広場〟的に開放された場で出会う。スッぱだかの人間的な協力関係を持つ。多くの他人との出会いによって、人間は〝他人〟を発見する。〝他人〟を発見するということは、結局〝自己〟の発見なのだ。つまり〝自己〟を発見するためには、おおぜいの協力者が必要になる。

今日の性というのも、小市民のウップンばらしのために、ひどくゆがめられている。男と女が、たがいに窮屈な形式でしばり合う結果、息苦しさからこっそり浮気に走るというぐあいだ。

ぼく自身のことを言えば、結婚しなかったのは、偶然だとも言えなくはないが、やはり小さい頃から、小市民的な形式主義を嫌悪する考えが強かったから、それに忠実に生きたともいえるだろう。

男と女に知的関係はあるか

恋愛と結婚とは全く別のことだと思う。

むしろ、〝結婚は恋愛の墓場〟というのは当たっている。結婚すると緊張もなくなり、双方安心してしまうので、もはや燃えるものはない。

結婚によって〝家〟を守るために、しきたり通り子供をつくる。それによって老後の〝保障〟を得ようなどとは、すべて卑しい感じがする。

とかく妻子があると、社会的なすべてのシステムに順応してしまう。たった一人なら、うまくいこうがいくまいが、どこで死のうが知ったことではない。思いのままの行動がとれる。

家族というシステムによって、何の保障もされていないことが、真の生きがいであると思う。だからぼくは自由に独身を通してきたのだ。

これを女性の側に立っていえば、〝ほんとうはこっちの人が好きなんだけど、社会的には偉くなりそうもないし、あの人と結婚すれば、将来の生活が安心だから……〟などという結婚は、極端に言うと一種の売春行為である。

そして、そういう安定の上に、ドテッと坐りこんでしまった女は、もはや〝女〟ではない。

恋愛というものはまったく〝無条件〟なものである。そこに打算が入ると、やはり身を売っていることになる。空しい。

結婚する相手と出会うことだけが、運命的な出会いだと思っている人が多いようだが、運命的出会いと結婚とは全然関係ない。

たとえ、好きな女性が他の男と結婚しようが、こちらが他の女性と結婚しようが、それはそれだ。結婚というのは形式であり、世の中の約束ごとだ。ほんとうの出会いは、約束ごとじゃない。たとえば極端なことを言えば、恋愛というものさえ超えたものなんだ。つまり自分が自分自身に出会う、彼女が彼女自身に出会う、お互いが相手のなかに自分自身を発見する。

それが運命的な出会いというものだ。

たとえ別れていても、相手が死んでしまっても、この人こそ自分の探し求めていた人だ、と強く感じとっている相手がいれば、それが運命的な出会いの対象だと言える。

必ずしも相手がこちらを意識しなくてもいいんだ。こちらが相手と出会ったという気持ちがあれば、それがほんとうの出会いで、自己発見なんだ。

〝結婚は人生の墓場だ〟と言った方がいいかもしれない。世の中の、多くの結婚している男女を見ても、そう思うことが多い。〝結婚は恋愛の墓場〟と言うが、しかし、よく考えてみれば、実際にある意味では結婚は人生の墓場だ。またそういう方がアイロニーがあって面白い。

というのは法律上、結婚して夫と妻に安定してしまうと、お互いがだらけてくる。

亭主は亭主という座におさまり、妻は妻というポジションにおさまって、純粋な意味での男と女のぶつかり合いがなくなってしまう。近頃は日本でも離婚のケースが増えてきているけれど、それでも離婚を実行するのには大変な決意とエネルギーが必要だ。それに周囲や世間がうるさいから、互いに相手に不満があり、あきてしまっても、そのまま結婚という形態をつづけているという夫婦が多いだろう。そうなると、お互いが無責任になって、夫と妻の心が互いに離反しているんだ。現実には世の夫婦の多くがそうなんじゃないだろうか。結婚した以上、しようがないとか、子供のために諦めるというように、心に不満を抱いたまま仕方なく夫婦という生活形態だけを存続している。

結婚が〝人生の墓場〟にならないために、夫婦はどのような気持ちの持ち方をしていけばよいか。

夫婦である以前の、無条件な男、女であるという立場。新鮮な関係にあるようにしていかなければ一緒にいる意味がない。密着していると同時に離れている、純粋な関係を保っていく必要がある。

これは非常にむずかしい。結婚という枠にとらわれないで、つねにお互いが出会ったときのような気持ちで触れあっていれば、いい意味での相互の発見がある。互いがそういう気持ちでいれば、たとえ別れることになっても、気持ちよく離婚することができる。

よくお互いに仕事を持っていれば、夫婦がつねに新鮮でいられる、という人がいるけれど、仕事を持つ、持たないというより、気持ちの問題だ。仕事を持っていたって、共同生活しているんだから、一緒にいる時間は恋愛期間中よりもずっと多いはずだ。たとえば、休日は朝から一緒だろうし、夕食だって一緒に食べることが多いだろうし、恋愛中だったときのほうが、お互いに会える時間もずっと少なかったはずだ。そのときのほうがお互いの気持ちが新鮮で、スリルがあっただけ、もっと理解しあっていたかもしれない。

では、夫婦がいつも新鮮な気持ちでいるためにはどうしたらいいかと言うと、最も親密な相手であると同時に、お互いが外から眺め返すという視点を忘れてはいけない。ところがほとんどの場合、好きな相手と一緒に生活すると、ただ安心して相手によりかかってしまうからいけないのだ。

＊

リュシエンヌはいつもよく本を探しに行った書店の売り子だった。ラテン系の典型のような整った顔だち。小柄だが、いつも趣味のよい、シックな装いで、身のこなしにも気品があった。かなり専門的なむずかしい本について相談をもちかけても、てきぱきと的確に応じてくれる。

しょっちゅうその本屋に入りびたっているうちに、自然と彼女と親しくなり、とけあうようになった。

一緒に暮したのは四、五カ月だったろうか。彼女は夕方帰ってくると、「タロー、ちょっとお散歩していらっしゃい。ついでにワインを買ってきてね」などと、何か適当な口実をつけてぼくをアトリエから追い出す。キャフェでちょっと友達と話したり、頼まれた買いものをしたり、頃合を見て部屋に帰ると、あたりはきれいに片付いていて、リュシエンヌは服を着替え、お化粧も直して、昼間、店で働いているときよりずっと女っぽい、やわらかい雰囲気で迎えてくれるのだ。

「お掃除しているところなんて、あんまり見てもらいたくないわ」と彼女は言っていた。

いま共働きの女性にこんな話をすると、女に一方的に負担を押しつける、と怒

られるかもしれないが、ぼくは男が亭主関白で何もしないのがいいと言っている
のじゃない。二人でつくる生活、できることは助けあい、いたわりあうのは当た
り前だ。

しかしそれは何でも洗いざらい見せてしまい、ぶちまけていいということでは
ないと思う。

愛する男にはいつでも花のように、優しくほほ笑んで、チャーミングな女とし
て向かいあいたいというリュシエンヌの美学、心意気をぼくは尊重したし、嬉し
く思った。

結婚してもお互いが嬉しい他者であり、同時に一体なんだ。夫婦になる以前の
新鮮かつ無条件な男と女としてのあの気持ちを忘れないことが大事だ。

自分の愛とその人の愛の違い

男の世界観と女の世界観は明らかに違う。男と女はまったく異なる魂、違った

眼で世界を見ているとぼくは思う。

ウーマン・リブの声が高くなり、男女同権が実現されるのはいいことだけれど、それは男と女が同じように行動し、同じ役割を果たすということではないはずだ。

もっとも、先進国の文明社会では今日、子供を産むという以外に女でなければならない、男でなければ、という条件はほとんどなくなってきている。それなのに、世の中の慣習や制度の面では、まだまだ女性は不利だ。賢い、自覚した女たちがそれにいらだち、同権をかちとろうとすることは当然と言えるだろう。それは人間としての自由と自立の問題であるし、自立のないところに愛も、人格も、誇りも何も成り立ちはしないからだ。

ただその主張がとかく男と女の間に国境をかまえ、陣とり合戦のような、権利拡張にはしりがちなのは悲しい。不毛だと思う。

繰り返して言う。男と女は異質であり、だからこそ一体なんだ。

でも、ひとことで男女の愛は闘いであると言うことは正しいし、闘いでなければ愛ではない。愛がなければ闘いはない。これは確かだ。

ごまかしている恋愛もあれば、惰性的な恋愛もある。愛と言ってもこれはさまざまだ。無神経なヤツがやたら口で言っている愛もあるし、ほんとうに愛していても、愛という言葉が口に出ない愛だってある。

ぼくの場合、愛はすべて闘いだった。

闘いと言ったって、女性といざこざを起こすわけじゃない。女性を愛するときは、自分との闘いになるわけだ。彼女とほんとうに一体になるためにどうすればいいかという――これは、自分自身にどう対すべきかということなんだ。つまり自分を強烈にたたきつけて彼女と一体になれるかどうかということだ。

男性の方だけが愛している場合は、自分だけで燃えているんだ。自分で自分を試しているんだ。自分が自分に挑んでいる。だから、自分に勝つか負けるかが問題で、これは相手に対する闘いでなく自分自身に対する闘いなんだ。ぼくが体験してきた愛というのは、そうだった。

＊

恋愛というのは、相思相愛でないと成り立たないと、とかくみんな誤解しているんじゃないだろうか。それだけが必ずしも恋愛じゃない。

たとえば片想いも立派な恋愛なんだ。

相思相愛とひと口に言うが、お互いが愛しあっていると言っても、その愛の度合いは必ずしも同じとは限らない。いや、どんな二人の場合だって、いつでも愛はどちらかの方が深く、切ない。つまり、男女関係というのは、デリケートに見ていくと、いつでもどちらかの片想いなのだ。悲しいことに、人間の業《ごう》というか、運命的な落差。そこに複雑なドラマがある。

たとえば、自分自身を、客観的に評価して、あらゆる点で彼女にふさわしくないと判断してしまうこともある。学力とか、自分の容貌や肉体的条件といったものから、自分のすべてを、いつも相手より低くみてしまう。辛い。しかし自分に絶望しているだけでは意味がない。

自分がいろいろな点で低いからと引っこんでしまうのは、これは片想いでもないし、恋愛とも言えない。

もっとわかりやすく言えば、初めからほんとうの愛を捨ててしまっていると言える。ぼくはそんなのはだらしがないというよりむしろ卑怯だと思う。

自分がその人を好きだという、その気持ちに殉じればいい。

どんなにすごい美人にでも、無視されてもいいから、彼女のそばで、気持ちをひらけばいいんだ。愛情を素直に彼女に示すんだ。その結果、彼女から答えが得られようが得られなかろうが、お返しを期待せず自分の心をひらくことで、自分自身が救われるはずだ。

たとえ、お互い愛し合っていても、さっきも言ったように愛の度合いが、同等のレベルだなんてことは有り得ないんだから、彼女がどう思おうと、自分は愛しているんだと強烈に感じれば、そのとき片想いはほんとうの恋愛になる。そうすれば、いろんな意味での価値の差によっておじけづくなんて、むなしさは感じなくなるだろう。

彼女からいい答えを得たいと願っていてもそれはあくまで夢で、現実は己自身なんだから、孤独のなかでその夢を生かし、愛を深めればいいじゃないか。

きっとその闘いによって自分自身がぐうっと深まり変わっていくに違いない。

恋愛は、男と女の一つの闘いだ。自分はこれだけ愛しているのに、相手はこのくらいしか思ってくれないとか、あるいは、相手は愛しているけど、自分はそれほど彼女を愛してはいないとか、ときにはわずらわしくなったり。逃げたり、からんだり。いろいろあるわけだ。

それにぼく自身の経験から言えば、自分が片想いしていると思っているときの方が強烈だ。つまり、相思相愛、おめでたいのが恋愛ではなくて、片想いが恋愛だといえる。恋愛というのは、こちらが惚れれば惚れるほど、よろこびと同時に心配や不安といったものが起こってくる。ということはつまり片想いだろう。

ぼくの場合は、どっちの方がより深く愛しているなんて特に意識したことはない。恋愛だって芸術だって、おなじだ。一体なんだ。全身をぶつけること。そこに素晴らしさがあると思う。

だから、恋愛も自分をぶつける対象としてとらえてきた。恋愛だからどうだとか、こだわって考えたことはない。

＊

男なんか信用してはいけない。彼らはゴマかすし、嘘をつく。妥協しない男なんて、ほとんど見たことがない。自分をだまし、なだめているうちに、ほんとうのことがわからなくなってしまうのだ。女は純粋だ。直観力で、ズバリとものごとの本質を見ぬく。そのように純粋であり得るのだ。−(15)

外見を飾ったり、持ち物に凝ったり、女の子にモテるからプレイボーイだとは言えない。まあ、それもまず第一段階かもしれないが、困ったことにたいていの場合、ほんとうの中身ができていないから、かえって外見を飾りたてたがるんだ。そういう男はいわゆる〝キザ〟だ。

それは人によってさまざまだけども、平安時代のプレイボーイは、性に命を賭けることに、ロマンを持っていた。在原業平を知っているだろうか。天皇の女を盗んで、背におぶって逃げたんだ。

西欧でもそうだった。スタンダールの『赤と黒』に出てくるジュリアン・ソレルだって、性に命を賭け、最後は死んでいった。

しかし、今はそうはいかない。性そのものが開放されているし、自分の命を賭けるロマンティスムは失われてしまった。そのせいか、命を賭ける対象物がいろいろ変わってきている。たとえば世界的富豪でプレイボーイとして名をはせた、アリ・カーンはスポーツカーでスピードに挑んでいるとき事故死した。この他にも、プレイボーイが車の事故で死んだ例はある。

ついスピードの話になってしまったが、しかし、スピードにしてもセックスにしても、自分がそれに賭けて満たされるかというと決してそうではない。どちらも、永遠に満たされないものなんだ。その満たされないものに、それでも諦めることなく自分を賭けていくのが、プレイボーイだ。

つまり、ものすごいロマンチストだと言える。

自分がものにした女性の数を誇ったりするのは野暮の骨頂。ほんとうのプレイボーイじゃない。

＊

自分は子供っぽいから、女性とつき合うのが心配だと言う人がいる。けれど、もし自分が子供っぽいのなら、その子供っぽさを丸出しにして、無邪気なままの姿で彼女にぶつかればいい。

ぼくにもそういう経験があった。ぼくが小学校二年生のときの夏休み、伊豆の伊東へ両親と避暑に出かけた。その頃は伊東には、温泉宿がまだ二軒ぐらいしかなかった。

ぼくら一家は大阪屋という宿に泊まったんだが、同じ旅館に避暑に来ていた十五歳の非常に美しいお嬢さんがいた。年が離れていたけど、ぼくはとても彼女に惹かれた。そうはいってもこっちはまだ子供だし、それで、しょっちゅう彼女のそばに寄って、嬉しくしていた。子供のままで彼女と話したんだ。彼女にはとてもよろこばれた。

それは、ぼくにとって心のなかでは、恋愛だったかもしれない。ずっと後で十年くらい前か、テレビの初恋談義というご対面の番組で、伊東の大阪屋という名前だけを頼りに、そのときのお嬢さんを探して来て、会わせてくれたことがある。びっくりした。もうかなりのお年だったけれど、きれいな奥さんだった。

彼女もぼくのことをよく覚えていて、とても懐しがってくれた。そのときのいろんな細かいことを話してくれたが、ぼくがしょっちゅう彼女たちの部屋に遊びに来て、膝まくらして寝ちゃったりしたらしいんだ。それから、いつでも兵児《へこ》帯《おび》がほどけちゃって、引きずってきては、彼女に結んでもらうんだそうだ。

彼女はぼくが甘えて、わざとそうしたように思っていたらしいけど、ぼくは必ずしもわざとじゃない。どういう訳か、ぼくはいつも兵児帯がほどけちゃうんだ。でも、あこがれの、きれいなお姉さんに「タロちゃん、駄目ね」なんて言われながら締め直してもらうのは、やっぱり、何か嬉しかったんだろう。

口や手紙で型どおりに愛を告白しなくても、自然な形で愛を伝えることはできる。相手の方が幼い場合だってあるだろう。そうしたら自分だけの情念にまかせず、もっと息のながい、純粋な情熱を燃やして彼女に接すればいい。態度や眼差しにその情熱が表れて、彼女の心にかようはずだ。彼女も言葉で言わなくても、輝く眼差しで応えてくれる。

急ぐ必要はない。遠くから彼女を想って見守って、素晴らしい女性に成長するように、できるだけのことをする。楽しいじゃないか。

もし手紙を書くのなら、ラブレターではなく、まず友情のこもった手紙を出すほうがいい。そういう親しい手紙で十分にこちらの気持ちはわかる。

恋愛というのは、とかくエゴイスティックになるけれど、相手を想いやる余裕を持ちたい。人生だって、余裕のある、ひろがりに満ちた人生のほうがいいだろう。

もし無邪気な自分を見せても、彼女が愛してくれない場合は、自分だけが心のなかで、一人で恋愛をはぐくんでもいいじゃないか。そうすればとても素晴らしい夢がひろがる。ぼくの心のなかでも、伊東の思い出は今でも忘れられない。楽しく美しく残っている。そういう思い出があるということはとても素晴らしいことだ。

だから、男女の仲というのは、肉体的な関係だけじゃない。年が離れていても気持ちの上での溶け合いができるのだ。

失ったときからはじまる愛

愛のテーマを今まで、男と女の、いわば恋愛という相から見て来たけれど、もちろん人間関係はそれだけじゃない。親子の愛もあるし、友情、同志愛。またほんとうに感動して、会ったこともない芸術家なんかを認め、敬慕する、ひろく人間愛と言った方がいいような共感もある。

ぼくはここで、今日特にさし迫った大きな危機として、親子の問題を言いたいんだ。

先日、ある出版社に頼まれて四日間ほど講演旅行をした。同行の講師と、ついて来た編集者が車に乗って移動する間じゅう、子供のことをこぼしつづけていた。そして何度も、実感をこめてぼくに言うんだ。

「あなたは実際うらやましい。結婚していないし、第一、子供を持っていないことはほんとうに恵まれている。今になってみると、なんで子供なんかつくっちゃったのか、つくづく後悔している」

繰り返し繰り返し、叫ぶように歎《なげ》くのに呆れたが、その後気をつけていると彼らだけではないらしい。息子や娘について絶望している親たちはかなり多いようだ。みんな、外に知られて嬉しいことでもないので、口をつぐんでいるけれど、一見平穏で幸福そうに見える多くの家庭に、言いようのない秘められた悩みがあるのではないか。

しきりに報道されて関心を集めた家庭内暴力、親殺しなどのケースを見ても、外からは極めてノーマルな中流家庭としか見えない。そこにかえって問題のひろさ、根の深さを思わせる。

＊

ぼく自身は、子供はいないし、息子であった時代にも親に対して、肉親であるがゆえの心のからみあいやトラブルを経験したことがない。だから、察しがつかないわけではないが、ナマの実感としては、ちょっとつかめないところがある。親子だって人間同士、もっと素直にぶつかりあえばいいではないかと思うからだ。

考えてみれば、両親とぼく。一家三人の関係は特異だったのかもしれない。ぼくは幼い頃から、子供のくせに、と言われたことは一度もない。

ほんとうに赤ん坊のときのことは別として、小学校に入ったときくらいからは、ぼくの場合、両親とは人間同士としてまったく対等の関係だったんだ。

母はさまざまの悩みや愚痴、社会的な憤懣《ふんまん》、あらゆることを一人前の大人に話すように、めんめんと打ち明け、投げかけて来た。人一倍多感な、悩みの多い母だったから、ぼくはそれを聞きながら、純粋な者に対する世の非情や残酷に、魂の冷える思いで拳を握りしめた。

そのように精神的には対等に激しくぶつかって来たが、いわゆる母親らしく面倒をみたり、べたべた可愛がるということはまったくなかった。一日中、机に向かっている。ときには、あまりうるさいと、ぼくを兵児帯で縛って、箪笥《たんす》の鐶《かん》に結びつけてしまう。いくら泣きわめいても、知らん顔で背を向けて本を読んだり、字を書いたりしている。

画家の中川一政さんなんか若い頃うちに遊びに来て、犬っころみたいに柱につながれているぼくを見たと言って、ときどきぼくをからかうが。

全然相手にしてもらえないのは恨めしかったが、しかしぼくはその何もしてくれない母の黒髪をばさりと背にたらした後姿に言いようのない神聖感、一体の親愛を覚えていた。強烈な思い出だ。

一方、父は淡々として、何か対等の男同士という感じ。母とぼくの激情がぶつかりあって口論していると、「タゴシ（太郎氏のなまった愛称）、お母さんは身体が弱いし、女なんだから、キミがいたわってやらなければいけない」ともっぱら仲裁役をつとめていた。

小学校三年の時、親子で夏休みの旅行に島根県に行ったことがある。親戚づきあいの旧家に泊った。夕食後、お座敷でみながくつろぎ、いつものようにいろいろ議論をしたのだが、翌朝、ぼくが早起きしてお茶の間に出て行くと、その家の奥さんや女中さんたちが、くすくす笑いながらぼくをさして「モチロンちゃん」「モチロンちゃん」と言うんだ。

「ぼくはモチロンちゃんじゃない、タロードだよ」と抗議したが笑ってばかりいる。「どうしてそんなこと言うの」と聞いたら、昨夜、食事が終ってから、子供なのにお父さん、お母さんとさかんに議論をしていたって言うんだ。

うちでは小さい頃からしょっちゅう議論しあっていたから、ぼくらは何とも思わなかったんだけど。それに、どちらかというとぼくの方が両親より論理的だった。だからよく彼らを言い負かしていた。その晩もその調子でぼくの方からピシ

人間の辛さというのは、つまらぬことでも覚えていること、忘れられないことだと思う。-(16)

ヤッと切り込んだり、また向こうの言うことが納得できると、「モチロン」「モチロン」とうなずいていたというんだ。

その時分、子供のくせに親と議論するなんてことがまず、奇想天外のこと。まして田舎の旧家の人たちだ。奇妙な一家を眼の前に見て、びっくりし呆れたらしい。目上の人に言われたことは何でも、ハイハイって聞かなきゃならない。そういう厳格な風潮の時代だった。まして、まったく対等の態度で、ちっちゃな子供が「モチロン」などとやるのだから。それでぼくのあだ名が「モチロンちゃん」になってしまった。

つまり親子関係というより、人間対人間の関係だったんだ。今思うと、一人の人間として、本気でぼくの挑戦にこたえてくれた両親が、やはりえらかったという気がする。

自分で言うのはなんだけど、ぼくは生まれつきとてもはげしい性格で、母とそっくりなんだ。それで、陽電気と陽電気がぶつかり合うと火花を散らして反発し合うように、すぐケンカしちゃうわけだ。だから父が困って、そのうえ、母が身体があまり丈夫でなかったから、ケンカばかりしていては身体に悪いから、しばらく離れて住んだ方がいいと医者にも言われた。そんなこともあって、ぼくはパリに行って、十年くらい離れて暮したんだ。

そして、パリで、母が死んだという知らせを聞いた。十年も離れていたのに、ぼくは身体の芯がくずれ落ちたようにヘバッてしまった。正直言って、自分が死んで母が生き返ってほしい。真剣にそう思った。

それは、親子の愛なんて、そんな甘ったるいもんじゃない。真剣に生き合った者同士の愛なんだ。

ぼくは父・一平にも、母・かの子にも、親子というより人間同士として、強烈な愛情を抱いていた。純粋で無条件な一体感だ。

＊

近頃の青少年の暴力や、大人とのトラブルが残酷なイメージでしきりに報道され、それについての議論もさかんだ。それを聞いていて、ぼくはどうも納得できない。親や教育者、評論家などの発言は、何か空しい。ナマ身に手ごたえのないように思われるからだ。

致命的なポイントは、子供に対して一段上というか、別な立場に立って口をきいているということ。ぼくはいつも、子供側に立って、腹が立つ。あれでは、どんなことを言っても無駄だ。

誰でも子供だったことがあり、今も存在の底の底には子供そのものの心が生きているはずなのに、ほとんどがそれを忘れてしまっている。思い出してみるがいい。七つか八つ頃から、もう大人なのだ。今の社会制度が「子供」という枠にはめてしまって、人間的責任、誇り、人格を認めないから、そのズレに、いらだち、無力感、憤懣が生まれてくる。

親子、先生と生徒、当然立場の違いはある。親だから生活的面倒はみる。先生は教える。としても、しかし人間としてはまともに、向きあうべきだ。人間同士として。

でなければ尊敬も愛情も、一体感も生まれるはずがない。

フランスから、ぼくの生き方や仕事ぶりを記録する映画を撮りに来たことがある。

インタビューのなかで「ああ、それだからあなたは子供をつくらない――クレアシオンしないのですね」と言った。フランス語では、子供をつくることをクレアシオン＝創造と言う。普通の言い方なんだけれども。

ぼくはいささか憤然として、「何を言ってるんだ。そんなものはクレアシオンじゃない。フランス語を変えちまえ！」とどなってやった。

そうじゃないか。クレアシオンというのは不可能に挑戦し、それを乗り越えて、新しい現実をつくり出すことだ。男と女がむつみあい、子供をつくろうなんて気もなく、その結果としてできてしまった。一カ月も二カ月も経って、「どうやら妊娠したらしいのよ」「じゃあ、産むことにするか」なんていうのが何で創造なんだ。それに、ぼくは子供を持つ必要がない。なぜかというと、ぼくはぼくの息子であり、孫であり、父親であるから……。

この演説は映画が公開されたとき、拍手かっさいだった。自分が自分自身の親であり、息子である、そういう絶対的な存在として、時間も空間も超えた絶対感で生きるべきだ。自分の息子だからかわいいとか、自分の親だから大切にしなくては、という狭い愛ではいけない。ぼくはそう考える。だから結婚式なんかに義理で行くときがあるけど、スピーチでは決まって「きょうから花嫁は世界中の男性の女房になったつもりになりなさい」そう言うんだ。みんな笑うけれども、また実際にそんなことは不可能だけれど、わが亭主、わが親、わが子って、小さく仕切ってしまうのは、つまらない生き方だと思う。

そうでなく、世界中の子供はみんな自分の息子だ、世界中の親はみんな自分の親だ、そういうおおらかな豊かな気持ちを持ちたいと思う。

昔は親が子に相当きつかったけれども今はそうじゃない。過保護だ。ぼくなんかまさに放し飼い教育。親には全然相手にしてもらえなかった。それがぼくにはよかったとつくづく思う。

今は、親も子供も甘え合っている。お互いに強烈に生き合うとか、父親と息子が真剣に対決することはほとんどないわけだ。親は、息子にきついことを言うと、歳をとってから大事にしてもらえないんじゃないかと恐れている。それに、自分の生き方、モラルへの自信もない。言ってみれば、まあまあ、なあなあで何でも済ましちゃうんだ。

お互いに甘えて、さわらずに、そうっとしてればうまくいくような感じだし、優しさが一番のぞましいと思われている時代だから。きびしく自分というものを追求していこうとすると危険だ。親子関係だけじゃなく、すべてにそう言える。無難な方へ、無難な方へと行く。

そういうところに今日の空しさがある。だから一見幸せなようだけれども、その裏側に何ともいえないうそ寒さがある。

ぼくは生きるからには、歓喜がなければならないと思う。歓喜は対決や緊張感のないところからは決して生まれてこない。そういった意味で、親子の間にも、人間と人間の対決がなければならない。

第四章

あなたは常識人間を捨てられるか

――いつも興奮と喜びに満ちた自分になる

きれいになんて生きてはいけない

先年、東京のデパートで大規模な個展をひらいた。ある日、会場に行くと、番をしていた人が面白そうに、ぼくに近づいて来た。にやにや笑いながら報告するのだ。混みあった場内でもちょっと目に立つ女性が、二時間あまりもじいっと絵の前に立っていた。そのうちにポツンと、

「いやな感じ！」

そう言って立ち去った、という。

報告しながら、相手はぼくの反応をいたずらっぽくうかがっている。さすがの岡本太郎もギャフンとするだろう、と期待したらしい。ところがぼくは逆にすっかり嬉しくなってしまったのである。

それで良いのだ。絵を見せた甲斐があるというものだ。その人こそ素晴らしい鑑賞者だ。

ただ不愉快なものならば、そんなに凝視しているはずがない。ちらりと見て、顔をそむけて行ってしまう。いや、見もしないだろう。それだけ見つめたあげく、この発言。

「あら、いいわね」

「しゃれてるじゃない」

「まことに結構なお作品」

なんて言われたら、がっかりだ。こちらは自分の生きているアカシをつき出している。人間の、ほんとうに燃えている生命が、物として、対象になって目の前にあらわれてくれば、それは決して単にほほ笑ましいものではない。心地よく、いい感じであるはずはない。

むしろ、いやな感じ。いやったらしく、ぐんと迫ってくるものなのだ。そうでなくてはならないとぼくは思っている。

ぼくは『今日の芸術』という著書の中で、芸術の三原則として、次の三つの条件をあげた。

芸術はきれいであってはいけない。うまくあってはいけない。心地よくあってはいけない。それが根本原則だ、と。

はじめて聞いた人は、なんだ、まるで反対ではないか、と呆れるかもしれない。しかし、まことに正しいのだ。すでに書いたことだから、ここでは繰り返さないが。

ただ一言、「美しい」ということと「きれい」というのはまったく違うものであることだけをお話ししておきたい。

＊

とかく、美しいというのは、おていさいのいい、気持ちのいい、俗にいうシャレてるとかカッコヨイ、そういうものだと思っている人が多い。ちょうど「衣食足りて礼節を知る」という場合の礼節のように。

しかし美しいというのはもっと無条件で、絶対的なものである。見て楽しいとか、ていさいがいいというようなことはむしろ全然無視して、ひたすら生命がひらき高揚したときに、美しいという感動がおこるのだ。それはだから場合によっては、一見ほとんど醜い相を呈することさえある。無意味だったり、恐ろしい、またゾッとするようなセンセーションであったりする。しかしそれでも美しいのである。

「醜悪美」という言葉も立派に存在する。僕はかつて縄文土器や殷周の銅器などについて、「いやったらしい美しさ」ということをさかんに言ったが、その意味である。

ところが、「醜いきれいさ」なんてものはない。美の絶対感に対して、「きれい」はあくまで相対的な価値である。つまり型にはまり、時代の基準に合っていなければならない。

「あそこの奥さんはきれいな人だ」というのは、その時代の「美人型」にはまっているからだ。有名な女優さんに目つき、口もと、鼻のかっこうが似ていると自動的に美人と言われる。

その「型」は時代時代によって変わるのだ。太ったのが美人である時代もあれば、やせていなければ美人と言われない時代もある。たとえば天平時代の代表的

私は作品に眼玉を描く。執拗に眼玉を描きこんでいるのは、新しい世界に呪術的にはたらきかける戦慄的な現代のマスクを創造しようとしているのだ。−(17)

美人の絵「鳥毛立女屏風」とか「吉祥天女像」などのような女性が現代にあらわれたら、感じはいい人なのに、あんなお多福で、まことにお気の毒と同情されてしまうだろう。歌麿や豊国の浮世絵に出てくる美人だって、今日あんな顔で出てきたら、相当グロテスクだ。逆にバルドーやヘップバーンなどが江戸時代や明治頃に生まれていたら、とうていこれほどもてはやされなかったに違いない。

だから、「美人」というより、ほんとうは「きれい人《じん》」というべきなのだ。ぼくに言わせれば、ほんとうの美人というのはその人の人間像全体がそのままの姿において充実し、確乎《かっこ》とした生命感をあらわしている姿だと思う。皺《しわ》クチャのお婆さんだって、美しくありうる。鼻がペチャンコだろうが、ヤブニラミだろうが、その人の精神力、生活への姿勢が、造作などの悪条件も克服し、逆にそれを美に高める。

美人というのは本質的には女性の数だけあるとぼくは思っている。もちろん男性においてもだ。

まして、芸術の場合、「きれい」と「美」とは厳格に区別しなければならない。

「あら、きれいねえ」と言われるような絵は、相対的価値しか持っていない。その時代の承認ずみの型、味わい、つまり流行にあてはまって、抵抗がない。人間みんなが持っている存在の奥底の矛盾、どんな俗人の中にもひそんでいる、いやったらしいほどの切実な、その実感にはふれられない。

またそれ故に、新しく打ちひらいていかなければならない、これからの時代の美を先取りする精神力もないのだ。だからたとえ感覚的・官能的にはちょっと気持ちよくても、単なる趣味、ムードであるにすぎず、魂をすくい上げる感動にはならない。

だから、見て、通りすぎたとたんに忘れてしまう。「いいわね」というのは、つまり「どうでもいいわね」というのと同じことだ。

＊

ほんとうに生きようとする人間にとって、人生はまことに苦悩にみちている。矛盾に体当たりし、瞬間瞬間に傷つき、総身に血をふき出しながら、雄々しく生きる。生命のチャンピオン、そしてイケニエ。それが真の芸術家だ。

その姿はほとんど直視にたえない。

この悲劇的な、いやったらしいまでの生命感を、感じとらない人は幸か不幸か……。

感じうるセンシーブルな人にとって、芸術はまさに血みどろなのだ。最も人間的な表情を、激しく、深く、豊かにうち出す。その激しさが美しいのである。高貴なのだ。美は人間の生き方の最も緊張した瞬間に、戦慄的にたちあらわれる。

もちろんそれは、たとえば芸術なら画面の色・形をとおして汲みとるほかないのだが、しかし表現された結果、作品はあくまでも、生命の深淵《しんえん》への手がかりにすぎない。その内容の方をつかもうとしないで、うわべの効果や美学、ムードだけにまどわされていては意味がない。精神力を持って凝視すれば、そういう上っ皮をのり越えて迫ってくる、人間的本質がわかるはずだ。それは表現以前・以後の問題なのである。

美を創造するものと、それを受けとめるもの、芸術を中心とする人間関係だが、極言すれば、ぼくは、つまり相互は同じ運命にあると思う。

ただ最初、一人が走りはじめる。人間の運命の矛盾の重圧を背負い込んだまま、そして生きる。それにふれ、感動する者は、その重いバトンを全身で受けとめ、受けついで、リレーするのだ。そして、さらに遠く走って行かなければならない。今度は彼の責任において。だから受けとめる側も、大変つらいのである。

ぼくは多くの人の鑑賞の仕方が不純に思えてならない。

たとえば、作品の前に立って、それを直接見とどける前に、まず、これはいったい誰の作かということを気にする。有名な巨匠の作品、ゴッホでもピカソでもいい、そんな偉い人のだとわかると、とたんに、「なるほど、やっぱりいいですね。さすがは」などと、口先で感嘆してしまう。まだよく見てもいないのに。感心しないと、芸術がわからないと馬鹿にされるのではないかと心配するのだ。まったく軽薄である。

それらの作品を自分の生きる責任において、じっと見つめてごらんなさい。直接自分の実力、精神力で、内に秘めたものをバトン・タッチすれば、決してただ結構だったり、楽しく、気持ちのよいものではないはずだ。優れた芸術であればあるほど、おていさい、きれいごとの職人芸ではないのだ。「あら、いいわねえ」なんてのは、ほんとうに見つめていない証拠だ。

「いやな感じ」にはもう一つ理由がある。芸術にふれるとき、相手の高みにまで踏み込んで行かなければならないからだ。

日常の小賢《こざか》しい自分のままで、ぬくぬくと坐ったまま、つかめるはずがない。感動するということは背のびを強要されることだ。

だが対するものが素晴らしければ、せいいっぱい背のびしても間にあわない。その距離は絶望的だ。身体をズタズタに切って伸ばしたって届かない……。しかし、そのアガキの中にこそ、今まで自分の知らなかった新しい自分が出現してくるのだ。

美しい感動。だが不気味だ。

頭を遊ばせて世の中を見てみよう

ぼくはここで一つ提言したい。

ひどくユニークで、突飛だと思われるかもしれないが。いま、この世界で必要なことは、芸術・政治・経済の三権分立である。モンテスキューの唱えた古典的な司法・立法・行政の相互不可侵というような技術的システムではなく、まったく新しい三つの原理のオートノミーを確立すべきだ。

政治・経済は人間にとってもちろん欠くことのできないシステムである。というより生活自体なのだ。しかしおかしなことは、日常、ぼくらにとって、「政治」「経済」と聞くと、何かひどくよそよそしい。多分これらの機構がいわゆる政治家、経済人によって勝手にコントロールされ、「芸術」つまり「人間」が抜け落ちてしまっているからだろう。

ぼくはこういう場合には「政治屋」「商売人」と呼ぶ方が適切だと思う。彼ら専門家だけでがっちり自分たちの領分を抑えている。われわれ一般は好むと好まざるとにかかわらず、つくられた枠の中に生活をつつみ込まれ、規定されて、そのツケだけを払わされているような感じがする。

政治家は自分たちの囲いの中での権謀術数、かけ引きのかたまり、経済人はソロバン勘定だけ。その面ではきびしいが、人間としての生き方の哲学については、まるでうとい。と失礼ながら、そんなふうに思えてならないのだ。

もう大分前のことになるが、すでに亡くなったある総理大臣が国際ペンクラブのパーティーに出席した。スピーチの段になって、招《よ》ばれてきたお愛想のつもりか、「私も大変文学が好きでありまして」とはじめた。

おや、そういうお人柄には見えないが、人は見かけによらぬもの、と聞いていると、とたんにあとがいけなかった。

「若い時分、『講談倶楽部』を愛読しました」

得々と、平気な顔で吹聴している。その無邪気さにぼくは笑ってしまったが、会の世話役だった高見順さんが顔色を変えて憤慨していたのを覚えている。

つい先だっても、某政治家に、ある人がインタビューして、趣味の話になった。彼もやはり文学が大好きだ、と得意そうに語った。

「あなたは太宰治の文学をどうお考えですか」と質問したら、

「えっ？　ダザイ？」

聞いたことがないという顔だったという。正直な人だ。

政治家というものは、成功するためには一途に政界の流れの中にもぐり込んで、さまざまの裏取引きや人間関係に神経を使っていなければならない。そんな苦労に明け暮れて、人間的な教養とか、ゆとりなどというものは持つ暇がなかったのだろう。ぼくには大変お気の毒に思える。

だがこれは何も政治家ばかりではない。いわゆる財界の方々にも、教養のなさを呆れることが多い。会社では巨億の金を動かし、鮮やかに冴えた腕を見せても、文化的には惨憺《さんたん》たるものだ。

たとえば、最新の近代的ビルでも、重役室に入ると、つまらない富士山や花の絵などがかかっている。自分で判断できないので、画商あたりのお仕着せでごまかしているのだろう。大金をまきあげられながら、高価なものだからと得々としている。それで読むのは週刊誌、話題はゴルフ、ときては……。

今さらこんなことを言わなくても、誰でも感じとっている空しさだろう。

＊

外国でよく聞く話だが、日本人は働いてばかりいて気味がわるい。パーティーなどに招んでも、話題もないし、楽しくないという。

商社などから派遣されている人は優秀なエリートなのだろうが、どうもシステムだけに忠実で、人間本来の魅力には欠けるようだ。

タイで日本商品ボイコット運動が起こり、根強い姿勢を見せている。これはさらに東南アジア一帯にもひろがりそうな気配だ。

原因はいろいろあるだろうが、単に目にあまるメイド・イン・ジャパンの氾濫という経済的な問題ばかりでなく、やはり人間としてつきあいにくいということが土台にあるのではないか。

それは土地の文化に溶け込んでいく広さと深さがないからだと思う。超過密社会の猛烈な競争に馴らされているので、気がつかずに〃カミカゼ〃になってしまう。しかも今言ったような人間関係の空しさが、いっそう〃エコノミック・アニマル〃の印象を与え、反感を強めさせるのだろう。

態度がわるいと言えば、観光客も同じだ。

ぼくもAA諸国や中南米をしばしば旅行するので、実際に日本人が土地の人々に接する態度を見る機会がある。悪意ではないのだが、後進国を無意識的に見下げる態度が見えすいて、その非人間的なのに腹が立つことがよくある。

ある国では戦争中さんざん迷惑をかけ、ひどい目にあわせた所なのに、旅行団がおれ達は日本人だとばかり、全員、胸に大きな日の丸のワッペンをつけて押し歩いていた。いかにも大国づらをした無神経さだ。

ところが、西欧先進諸国では初めからへり下って、バカに謙虚だ。自分よりも経済的に低い、遅れていると思うと、とたんにそっくり返り、傍若無人になる。極めて自然に、無邪気（？）にそうなるのだから、まことに始末がわるい。その卑しさに気がついていないのである。

明治百年以来、日本人はなりふり構わず、大変な背のびをしてきた。その成果で経済大国になったようだが。しかし国や組織ばかり太っても、一人一人の中身は逆に貧しくなってしまったのではないか。

「日本人」は変身しなければならない。

政治家よ、エコノミストよ、官僚よ、もっと人間になってほしい。そして芸術家に。

＊

芸術と言っても、何も絵を描いたり、楽器を奏でたり、文章をひねくったりすることではない。そんなことはまったくしなくても、素っ裸で、豊かに、無条件に生きること。

失った人間の原点をとりもどし、強烈に、ふくらんで生きている人間が芸術家なのだ。

もっと政治が芸術の香気を持ち、経済が無償と思われるような夢に賭ける。

環境問題も大事だし、列島改造も結構だが、容れるものを前提とするより、まず、〝日本人〟が変身し、平気で、ひらけた表情をうち出すべきだ。そして現代の政治・経済がおちこんでいる、あまりにも非人間的なあり方に「人間存在」と息吹をふきいれ、生きがいを奪回すべきなのである。

随分前のことだが、国会で青島幸男がたいへん皮肉な発言をして物議をかもしたことがある。「総理は財界の男メカケだ」。

そのとき議会の中では怒っていいのか笑っていいのか、とまどった表情だった。確かに暴言と言えるが、しかし誰でも心の中に、ある響きをのこしたことは事実だ。

考えてみれば経済なしの政治はありえないし、また政治ぬきに経済は成り立たない。どちらがメカケでどちらが旦那かということは別にして。

だが、このともに目的であり、功利的な政治と経済だけが圧倒的な力を持って社会を動かして行くこと。それを誰も疑わない。そこにぼくは近代社会における卑しさ、退廃、矛盾を感じとるのだ。

政治はまことに政治屋さんの政治。経済人は利潤だけを道徳の基準にしている。

そのモノポリー、両者のなれあいがすべてを堕落させ、不毛にさせる。これを根本的にひっくりかえし、「芸術」、つまり純粋な人間的存在と対決させることによって生命力・精神を生きかえらせなければならない。

ぼくの提言は飛躍的で空想めいて聞こえるかもしれない。しかし今や全人類をのみ込もうとしている近代化の虚無を克服する方法はそれ以外にはないと思う。この危機の時点で、ぼくはとざされた枠をこえてひろく世界全体の人間的人間に、未来的エネルギーを爆発させるようよびかけたいのだ。

〝爆発〟の秘密

ぼくは芸術と言ったが、それは決して絵・音楽・小説というような、職能的に分化された芸ごとや趣味のことではない。今世間で芸術と思っているのは、ほとんどが芸術屋の作った商品であるにすぎない。

ぼくが芸術というのは生きることそのものである。人間として最も強烈に生きる者、無条件に生命をつき出し爆発する、その生き方こそが芸術なのだということを強調したい。

〝芸術は爆発だ〟

ぼくの気ままに言った言葉。それが妙に一般の人気を得て、ついには新語・流行語大賞までもらってしまった。今ではバクハツが勝手にひとり歩きしているようだ。その賑やかな使われ方には、いささかびっくりしている。

コマーシャルにもなったが、これは随分前からの私の信念であり、貫いてきた生き方だ。一九六八年、銀座・松屋で開いた変わった個展も「太郎爆発」というタイトルだった。この展覧会は七十年、万博の年にはパリに持って行き、「TARO EXPLOSION」として、パリっ子に驚かれた。

ぼくとしては昔からなれた言葉なので、何で今さら騒がれるのか、不思議な気がする。

ところで一般に「爆発」というと、ドカンと大きな音が響いて、物が飛び散り、周囲を破壊して、人々を血みどろにさせたり、イメージは不吉でおどろおどろしい。が、私の言う「爆発」はまったく違う。音もしない。物も飛び散らない。

全身全霊が宇宙に向かって無条件にパーッとひらくこと。それが「爆発」だ。人生は本来、瞬間瞬間に、無償、無目的に爆発しつづけるべきだ。いのちのほんとうの在り方だ。

子供の頃から私は自分の胸の奥深いところに神聖な火が燃えているという、動かし難い感覚を持っていた。それは誰にも冒させることのできない、絶対的な存在感なのだ。しかし、現実には、幼い私は非力であり、学校でも、近所隣りでも、理不尽で不当な力が常にそれをおびやかし、押しつぶそうとした。ぼくは特別エゴサントリックでも強情でもないが、ゆずることのできないものだから、しがみついて、頑張る。それはみんなに理解されない孤独で絶望的な闘いだった。

十八歳でパリに渡った。その頃の日本とはまるで違う、ヨーロッパ社会の巨大で壮麗な厚み。目もくらむほど惹きつけられる。だが同時にそれは圧倒的な非情な壁として、若い私の前に立ちふさがった。

生活感そのものがまるで違うのだ。私は画家を志していたのだが、印象派やエコール・ド・パリといった、西欧文化の土壌の上に花ひらいたその様式をそのまま受け入れて、コピーすることの無意味さ、そらぞらしさに耐えられなかった。

ほとんど絵筆を投げ捨ててソルボンヌ大学に通い、哲学、社会学、それに最後は民族学に没頭して、社会対個の問題、避けて通ることのできない自分の疑問や悩みは徹底的につきつめてみようとした。緊張した、白熱の知的交流もあった。

ソルボンヌの生活はそれなりに充実して、ぼくにとって忘れ難い貴重な経験だった。が、自対他。いったい自分は何なのか。幼い頃から抱きつづけてきた絶対にゆずりわたすことのできないアイデンティティーを、どうこの世界に押し出していったらいいのか。一番根本の悩みはそう簡単に答えを見出すことはできなかった。

思いつめ、息苦しさをまぎらそうとして映画館に入ったこともある。今でもまざまざとその感覚がよみがえってくるが、暗い中でじいっと座席に身を沈めた。スクリーンに明滅するさまざまな映像。ぼくはそんなドラマを目を伏せてしりぞけた。胸をおさえて、自分の身のうち奥深いところに無言で燃えている炎だけを見すえ、抱きしめた。

あるとき、パッと目の前がひらけた。

……そうだ。おれは神聖な火炎を大事にして、まもろうとしている。大事にするから、弱くなってしまうのだ。己自身と闘え。自分自身を突きとばせばいいのだ。炎はその瞬間に燃えあがり、あとは無。——爆発するんだ。

自分を認めさせようとか、この社会のなかで自分がどういう役割を果たせるんだろうとか、いろいろ状況を考えたり、成果を計算したり、そういうことで自分を貫こうとしても、無意味な袋小路に入ってしまう。

今、この瞬間。まったく無目的で、無償で、生命力と情熱のありったけ、全存在で爆発する。それがすべてだ。

そうふっきれたとき、ぼくは意外にも自由になり、自分自身に手ごたえを覚えた。もちろん、生活の上で、芸術活動の上で、さまざまな難問や危機は次々と押しよせてくる。しかし恐れることはない。

＊

「面白いねえ、実に。オレの人生は。だって道がないんだ」眼の前にはいつも、なんにもない。ただ前に向かって身心をぶつけて挑む、瞬間、瞬間があるだけ。–(18)

生きる――それは本来、無目的で、非合理だ。科学主義者には反論されるだろうが、生命力というものは盲目的な爆発であり、人間存在のほとんどと言ってよい巨大な部分は非合理である。われわれはこの世になぜ生まれてきて、生きつづけるのか、それ自体を知らない。存在全体、肉体も精神も強烈な混沌である。そしてわれわれの世界、環境もまた無限の迷路だ。

だからこそ生きがいがあり、情熱がわく。人類はその、ほとんど盲目的な情感に賭けて、ここまで生き抜いてきたのだとぼくは思う。

ところが科学主義・合理主義は割り切れたものだけしか問題にしない。そのシステムによって動く現代社会、産業、経済機構のなかで、すべては合理的に、また目的化される。〝生きる〟ということの非合理、猛烈な情感は顧みられない。ほとんどの現代人は己の存在のなかの芸術家を圧殺している。だから人々は疎外され、知らず知らずに絶望しているのだ。絶望しているということさえ知らないほど、深く、空しく。

確かに交通は便利になり、生活は保証されている。しかし物質的な繁栄とか、

「幸福」などというもので人間がみたされるはずはないのだ。人間が生まれてきて、一番痛切につかみとらなければならない〝生命感〟というものが、そのために逆に遠ざかり、見失われてしまう。

現代は情報社会だという。実際、情報機器やシステムの進歩は日進月歩どころか秒進分歩だ。さまざまの分析や提言もなされている。しかしいつも何かもの足りない思いがする。情報がとかくエコノミカルな視点から取り上げられているように思えるからである。

エコノミー（経済）といっても、いわゆる商業、工業など物質的財の生産、配分という人間活動の一ジャンルとして見ることもできれば、人間の生活自体がすべてエコノミーであるという捉え方もできるはずだ。その意味では当然、芸術、学問、宗教、人間の精神活動、すべてが経済の範囲に入るのだ。

たとえば芸術は人間エネルギーの強烈な消費、還元である。情熱を噴出させる歓喜は消費であり、安らぎと充実による恍惚感は蓄積だろう。それを経済とは普通言わない。しかしあくまでもそれは人間社会におけるダイナミズムの根源である。芸術はその純粋で象徴的な表情なのである。

現代の経済は近代科学のもたらした進歩、社会的諸条件の結果である。通信、交通、その他あらゆるコミュニケーション・システムの発達、それが世界を一体にするような経済を可能にしている。ところが、それがある時点にまで達すると、絶望的状況になってくる。この時点でこそ、情報とはいったい何だろうという問題をもっと人間的に、とことんまで考えなければいけないのだ。

コミュニケーションというのはそもそも本質的に無条件なものだ。無償、無目的であるべきものだ、とぼくは考える。ところが今日では、すべてが経済的メリット、それに材料を提供するというだけの面で処理されてしまう。そこに人間存在の孤立化を逆に拡大しているという感じが生まれてくるのだと思う。確かにその空しさを、危険を、みんな漠然と感じている。だから情報とは何かという問いが一種の批判の変形としてくり返して発せられるのだ。

さっき、政治・経済・芸術の三権分立と言ったが、「芸術」を「人間」と言い替えてもよい。無条件で生きる人間、最も人間的に純粋に燃焼する、つまり芸術家が、政治、経済と相対し、抵抗する権威、力をとりもどすべきだ。芸術＝人間の復権。いささか夢のような発言に聞こえるかもしれないが、緊急の課題である。

ほとんどの人は政治、経済だけが価値であり、社会の現実だと思って生きているようだ。条件のみの上に成り立つ世界。それでは人間は空しい。駄目になってしまう。

人間の生命、生きるという営みは本来、無条件、無目的であるはずだ。何のためこの世に来たのか。そして生きつづけているのか。ほんとうを言えば、誰も知らない。本来、生きること、死ぬことの絶対感があるだけなのだ。

＊

現在の文明が自然のバランスを破壊し、危険な、破滅の方向に向かっていることは疑いようがない。

ぼくは世界の各地を旅行して、いわゆる先進諸国よりも、むしろ経済的な意味での後進国の方に限りない魅力をおぼえる。ＧＮＰは低い。人々はぎりぎりに生きている。しかし、ふくらんでいる。

彼らの生活、現在の精神状況にふれ、また過去の文化の遺産をてらしあわせてみても、はっとするほど豊かで高貴なものを感じとる。もし人間性を言うなら、そこにこそなまなましい人間の息吹がある。

人類は不思議な運命を負うて進んできた。他の動物とはまったく違った、矛盾にみちた道。直立歩行して手を使うようになり、知能が発達して、驚異的な文明をひらいて行った。それは確かに、輝かしい栄光にみちた足跡だったが。しかし、いわゆる文明の進歩とともに、人間の生き方は次第に激しく引き裂かれはじめる。大自然のなかに木の実を拾い、鳥・獣を追い、魚や貝を採って食べる生活から、農耕という技術によって、自然を改造して豊かな食糧を生産する。やがて産業革命。大規模な機械生産。それに応じた社会の近代化。対応して、人口爆発がおこる。

今年の発表では世界人口は五十億だ。このまま行けば、やがて二十年もすれば、その倍になるという。そうなったら一体、人類の運命はどうなるのだろう。

今日すでにエネルギー危機、環境破壊・汚染、さまざまの問題がつきつけられ

新しいといわれたら、それはもうすでに新しいのではないと考えたってさしつかえないでしょう。ほんとうの新しいものは、そういうふうに新しいものとさえ思われない、たやすく許されない表現のなかにこそ、ほんとうの新鮮さがあるのです。―(19)

ている。叡智《えいち》をはたらかせてこの危機をのり越えたとしてもそうなるとますます人口は膨張してくる。それに対応して生産システムの拡大。更にまた想像を超えたさまざまの試練が新たに発生するだろう。

まさに悪循環ではないか。この鎖を断ち切れないところに、いわゆる「進歩」の悲劇がある。

技術の歴史は合理的に編成して新しい秩序を作って来た進歩の道程だが、しかしシステマティックに、計算づくの面にしか及ばないところに現代のテクノロジーの限界があるのではないか。

人間文化の歴史というものは確かに、まず環境、自然との闘いであった。しかしぼくはとりわけ素朴な古代文化、それを通しての人間像にふれるとき、これこそ〝自然〟ではないかという思いにつかれてならないのだ。

大地のひろびろとした拡がり、清冽な流れ、生い茂る樹木、あるいはそびえ立つ山と、……そしてその中に闘い、生き貫いた人間文化。それはともに〝自然〟である。ぼくに言わせればむしろ人間という、〝自然〟の方が、いちだんと濃い彩りのようにさえ思える。

そういう純粋な、逞《たくま》しい自然としての気配から人間文化を引き離してしまったのは、いわゆる科学主義、合理主義であり、そしてその上に立った産業革命である。実はつい先頃といっても、より近い過去なのだ。ぼくはいつもそれを強烈に感じつづける。

いわゆる機械工業、能率、生産第一、植民地主義、近代社会がいかに誇らしく見せかけていても、人間存在を空しくし、歪曲化してしまったことは確かだ。いま先進国と称する国の、その第一線の都会で、いかに人々が暗い、空しい顔をしているか。

ぼくはこの時点でこそ、逆の発想を展開すべきだと思う。人間は本来、非合理的存在でもある。割り切れる面ばかりでなく、いわば無目的な、計算外の領域に生命を飛躍させなければ生きがいがない。ただの技術主義だけでは空しい。進歩、発展に役立つという、条件づけられた技術ではなく、まったく無償に夢をひろげていくこと。ナマ身で運命と対決して歓喜するのがほんとうの生命感なのだ。そのような全存在的充実感をとり戻すのでなければ、何のためのテクノロジーか、とぼくは思う。

これはそのまま、真の生き方、人間性、つまり芸術の問題でもある。

自分を笑ってごらん

あらゆるものがシステム化された社会の中で、もしほんとうに無目的に生きられれば、それは素晴らしいことだ。そういうポイントに立って、芸術の問題を考えると、見方が変わってくるはずだ。

ぼくはこう考える。コミュニケーションを拒否するコミュニケーションをこそ人間存在の真ん中に主役としてすえなければいけない。情報化社会だからこそ、単なる理解を超えた超情報にもっと敏感に、真剣になるべきだ。ここで、とりわけ無目的な情報を提供する呪力を持った「芸術」の意味が大きく浮かびあがってくる。

人間社会には原始時代から社会構成の重要な要素として「呪術」があった。超越者との交流、それは社会生活の根源であり、政治、経済はそれによって支えられていた。呪術は目的的のように見えていながら、人間の非合理的なモメントにこたえ、逆にいのちの無目的的な昂揚を解き放つ力を持っていた。

ところが現代社会では、呪術の目的的な役割だけが科学技術によって受けつがれ、拡大されている。もう一つの、混沌と直結し、超越と対話する、人間存在の根源の神秘の力に通じる面は、無価値のように顧みられない。

また宗教はかつての力を失い、絶対感を喪失してしまった。それを今日生きかえらせうるのは「芸術」であろう。

芸術は呪術である。というのがぼくの前からの信念だ。その呪力は無償のコミュニケーションとして放射される。無償でなければ呪力を持たないのだ。

造形は明らかにコミュニケーション・メディアである。しかし、コミュニケーションを拒否するモメントを持っているという、この両面を、今こそはっきりうち出す必要がある。

造形はイメージ、「絵ことば」として概念的に意味を伝えることもできるが、それを超えた働きもする。言葉や概念では伝達不能なものを、象徴的に、直接に伝えることのできるメディアだ。その役割を大いにとぎすまし、呪力を深めていくべきである。

ほんとうの芸術の呪力は、無目的でありながら人間の全体性、生命の絶対感を回復する強烈な目的を持ち、ひろく他に伝える。無目的的だからこそ。

それは言うまでもなく非常にむずかしい。しかし今日こそそれが痛切に要請されるのだ。逃げるようなあり方でなく、生活の中に広いポピュラリティ（大衆性）を持って入っていくべきだ。それは決して通俗になるのではない。コミュニケーションを拒否する激しいコミュニケーションとして。大衆の中に、あらゆる形で、自由な、また切実な表現をつきつけ、ひらくのだ。

ぼくはエキスポ70にさいして、中心の広場に「太陽の塔」をつくった。およそ気どった近代主義ではないし、また日本調とよばれる伝統主義のパターンとも無縁である。逆にそれらを告発する気配を負って、高々とそびえ立たせた。孤独であると同時に、ある時点でのぎりぎりの絶対感を打ち出したつもりだ。

それは皮相な、いわゆるコミュニケーションをけとばした姿勢、そのオリジナリティにこそ、一般を強烈にひきつける呪力があったのだ。

繰り返して言う。何度でもぼくは強調したいのだ。すべての人が芸術家としての情熱を己の中に燃えあがらせ、政治を、経済を、芸術的角度、つまり人間の運命から見かえし、激しく、強力に対決しなければならないと。

つまり、合理に非合理をつきつけ、目的的思考のなかに無償を爆発させる。あいまいに、ミックスさせることではない。猛烈に対立し、きしみあい、火花を散らす。

それによって人間は〝生きる〟手ごたえを再びつかみとることができるだろう。

＊

なにも力んで大げさなことばかり考えなくてもいい。日常のごく身近なことをやってみればいいのだ。

たとえば、近頃、手づくりのよさが見直され、とりわけ若い人々が〝ほんもの〟

にこだわるようになってきている。着るものも、食べるものも、考えることまで大量生産の機械文明にふりまわされ、もううんざり。ようやくその空しさに気がついて、何かをとり戻そうとする動きだろう。健全だし、よいことだ。

しかし、手づくりのよさと言うとき、たいてい、職人さん、器用な人たちの作った精巧なものを考えてしまうようだ。しっかりとした技術、ていねいな仕上り。そういうものに驚きとよろこびを感じることもわかる。

だがぼくはこれにはいささか不満である。むしろ下手な、不器用な、素人の手づくりの方がいいと思う。その方がずっと人間的に身近な感じをおぼえるし、見ていると夢がひらくからだ。あんまり器用にでき上がったものは冷たくて、何か自分の外っ側にあるような気がしてしまう。それは自分ではとうてい作れないもの、つまり本質的には自分から離れたものであるからだ。

今でこそ、手で作ったというだけで人間性を象徴しているように思われ、機械の対極に置かれるけれど、昔、手づくりしかなかった時代、職人の仕事は機械製品のようなものだったのだ。機械のように正確に、熟練した器用な手がロクロを廻し、木を削った、となると機械も手づくりも結局変わりはない。

いわゆる職人芸は階級社会の中で狭く枠づけられている。誰でもが自由に携われるものでもないし、ひらかれた技術ではない。専門家だけのものになってしまっている。しかも秘伝とか秘法とかいって、嫉妬深く職業上の聖域を作って、素人をしめ出している。そして作られたものは商品となり、とりわけ精巧で優れたものは権力や富を持った人だけが手に入れることができ、貧しいものには関係なかったのである。

現代でも一見立派に作られた美術工芸品など、驚くほど高価で、一般人とは離れたものになってしまっている。これは職人芸の枠を受け継いだ、人間疎外のコマーシャリズムである。

そういう年季の入った芸や特殊な技ではない、まったく素人、下手なのが平気で作ったものに、「手づくり」のほんとうのよろこび、人間的なふくらみがあるはずだ。

つまり手づくり、手で作るというのは、実は手先ではなく、心で作るのだ。生活の中で、自分で情熱をそこにつぎ込んで、ものを作る。楽しみ、解放感、そして何か冒険、つまり、うまくいかないのではないか、失敗するかもしれない、等々いささかの不安をのり越えながら作る。そこに生きている夢、生活感のドラマがこめられている。心が参加して、なまなましく働いていることが手づくりの本質だと言いたい。

職人さんの馴れた手が職業的にパッパッと動いて作り出すもの。手の方が先に、鮮やかに動いてしまう。したがって、よくできていてもほんとうの自由感、生活感はない。

だから手づくりは決して器用である必要はないのだ。とかく素人は玄人の真似をしようとして絶望し、私は不器用だからとても、などと言って尻ごみしてしまう。子供のときには誰でも平気で作ったのに。大人になると、みっともないと自分で卑しめてやめてしまう。

とんでもない。むしろ下手の方がよいのだ。笑い出すほど不器用であれば、それはかえって楽しいのではないか。平気でどんどん作って、生活を豊かにひらいていく。そうすべきなのである。意外にも美しく、嬉しいものができる。

それが今日の空しい現代社会の中で自分を再発見し、自由を獲得する大きなチャンスなのだ。

むなしさの生みの親

先日、岐阜県中津川の知人から「風流踊り」を復活した話を聞いた。何百年も絶えていた祭りをたった一枚の古絵図をたよりに復元しようと町ぐるみで燃えた。衣装も道具も楽器も、みんな手づくりで揃え、三百人をこす人々が踊った。

大成功、壮観だったそうだが、その人は祭りの当日より、実はみんなで知恵と労力と情熱を持ちより、苦労して手さぐりで準備しているとき、つくりあげていく過程がほんとうに生きがいだったと眼を輝かせて話していた。そうなんだ。それが祭りだ。無償の爆発。

これは一つの例にすぎない。今「村おこし」、地域の活性化のために手弁当で

「まつり」を作りあげようと燃えている若者たちが沢山いる。

大分県の由布院《ゆふいん》の映画祭などはもうすっかり定着して有名になったし、富山県の利賀《とが》村の国際演劇祭は鈴木忠志というとび抜けたプロデューサーの力にもよるのだが、世界各国からユニークな劇団や見物人が集まる世界の祭りだ。

九州の球磨川の川原に思い思いの造形を持ちよって芸術祭をやっている連中もいるし、岡崎の小・中学校の先生たちは、毎年、子供たちの何万点という作品を集めて「岡崎っ子」の祭りを二十数年もつづけている。方々に音楽祭もあるし、踊りを中心にした祭りもある。百花繚乱。

今は行動をおこすという意味で、新しいイベントをあげたけれど、もちろん昔から伝わる伝統的な祭りだって、それをやっている人たちにとっては〝生きる〟手ごたえをつかみとる、無償の歓喜、いのちの原点だと思う。

祭りのひとときに人は己を超えて、宇宙と一体となり、全人間的にひらくのだ。

原始時代の遺跡にも、祭りの痕跡はくっきりと残っている。アルタミラやラスコーの岩窟に描かれた神秘な、祭壇としか思えない岩絵。またタッシリには動物のマスクをかぶった呪術師が踊っている。中南米のプレコロンビア文化は祭祀遺跡の宝庫だ。さらにわが国の縄文時代にも、土偶の神秘的な出土は数限りない。阿久《あきゅう》遺跡の石棒群がまっすぐに八ヶ岳に向かって並び、聖なる儀式を髣髴《ほうふつ》とさせるなど……。

人類文化は祭りを抜きにしては語れない。

今日のような科学技術と物質文明の時代でも、世界中にあらゆる祭りがあり、人々の血をわきたたせる。

ぼくも祭りが大好きだ。『日本再発見』『神秘日本』『沖縄文化論』など、多くの著書でこの国の各地に生きている祭りを訪ね歩き、その中にとけ込んだ。

有名な祭りはほとんど観光化し、見世物になってしまったなどと言われるけれど、まだまだ、祭りはナマに生きている。

京都の祇園祭りにしても、博多の山笠や青森・弘前のねぷた、諏訪の御柱祭《おんばしら》、その他さまざまの祭り。有名すぎるほど有名で全国から見物客を集める。大変な観光資源である。だが実際に祭りに携わる人々にとっては、何カ月も前から胸を躍らせ、準備に熱中し、そして祭りの興奮の中に心身を燃えあがらせる。昔ながらの、ほんものの祭りなのだ。

そしてはるかに規模は小さく、ささやかな村や部落の祭りともなれば、地域の人々はなお熱い心を寄せあい、一体となって神聖な行事をまもっている。海辺には海人の祭りがあり、山には山の祭りがある。宗教というよりも、もっと根源的な人間の生きる情熱の凝集が、それぞれの生活のありように彩られて花ひらく。祭りのとき、人々は日常の自分とは違う濃い生命感に生きる。日常の己を超えた存在。

その高揚、陶酔が、祭りのあと、次の祭りまでの地味な心労の多い生活を支え、持続させる。

人間は祭りのために生きる、と言ってもよい。祭りによって〝いのち〟を確認し、全存在としてひらくのだ。

何でもいい、見物人ではなく、とにかく自分でやってみよう。動いてみよう。日常のなかで、これはイヤだな、ちょっと変だなと思ったら、そうではない方

他人や仲間に言わせることの名人はたくさんいます。本人が言ったのではけっして信用したがりません。ここらが、いちばん日本的です。
—(20)

向に、パッと身をひらいて、一歩でも、半歩でも前に自分を投げ出してみる。出発は今、この瞬間からだ。

＊

パリ大学の映像人類学をひらいたジャン・ルーシュという教授が、ぼくの記録映画を撮りたいと言って東京にやってきた。

彼は自分でカメラを廻しながら、ぽんぽん、こっちが考えたりするひまがないほど矢つぎ早に質問をぶつける。ずっと廻しっぱなしで。それが対象の取りつくろったり、構えたりする表皮のもっと内面に迫って、実体を浮かび上がらせるんだというユニークな手法で、アフリカの酋長だの、優れた記録映画を沢山つくっている人だ。

彼が質問した。

「あなたは優れた芸術家なのに、どうして民族学をやったんですか」

ぼくは「人類の職業分化に反対だから」と答えた。絵描きは絵描き、学者は学者、靴屋は靴屋、役人は役人、というように職業の狭い枠の中に入ってしまって、全人間的に生きようとしない、それが現代のむなしさなんだ……まだ他にもいろいろしゃべって、この映画はイタリアのアゾロの映画祭で大賞をとったんだ。

まあ、その話は省くとして、職業分化の問題。

職業があることは悪いことじゃない。いまの社会人はほとんど職業を持って生きているし、社会もそれに支えられている。

ぼくは今まで一度も職業を持つことが、卑しいなどと言ったことはない。人間が社会で生きていくには、職業を持つことはノーマルなんだから。

しかし、そのために、全人間として生きないで、職業だけにとじこめられてしまうと、結局は社会システムの部品になってしまう。

それがいけない、つまらないことだ。

ぼくの言う三権分立の「人間」＝「芸術」が抜けてしまう。現代社会の一番困った、不幸なポイントだ。

あなたは何に燃えたいか

人類は滅亡するかもしれない、と不安気に言う人が多くなった。いや、絶対に滅びない、と頑張る楽観説もある。

ぼくは両方の説に腹が立つ。

滅びたっていいじゃないか。当たり前のこと。ぼくはそう思う。どうして人は滅びたくないと考えるのだろう。悲観論も楽観論も実は同じ心情の裏表にすぎないのだ。

いずれは滅びるだろう。生物は栄え、そして滅する。永遠に滅びないなどと考える方がおかしい。人類がこの世界に出現した、それは当然、いつかは消え去ることを前提にしているはずだ。めそめそと悲しみ嘆く必要はまったくない。

確かに科学の発達や、巨大化していく生産など、未来をばら色に描き出した夢、プラスと思ったことが逆に裏目に出て、人類滅亡の方向に加速度をつけていることは事実のようだ。環境破壊、人口問題、さし迫ってくる問題で解決の見込みのついているものは一つもない。

近代合理主義を誇り、進歩などと得意になって突っ走った馬鹿馬鹿しさ、今になって、不吉なゴールを予感して悲鳴をあげている。人間はまことに矛盾した生きものだ。

物質的条件の向上もGNPの拡大も、それが瞬間瞬間にマイナスの面にかえってくることに、この時点まで、不覚にも気づいていなかったのだ。自分たちが安心して身をゆだね信じた価値の裏側には、ちょうど写真のポジとネガの関係のように、虚の運命がはりついていて、それが、誰の目にも打ち消すことのできない異様な現実感で迫りはじめた。

地球は死につつある。だが今日の機構、体制、考え方、すべてが、進歩・生産・合理主義の方向に統一されてしまっているから、この時点に至って手の打ちようがない、呆然としている感じだ。

とりわけ日本人の場合は傷ましい。文明開化以来、西欧近代文明を手本として、なりふり構わず、あくせく頑張りつづけてきた。追いつき、追い越せ。ひたすら走りつづけ、驚異的な成功をおさめた。ところが、とたんに逆目が出てしまったのだ。公害の実験室となり、エコノミック・アニマルのレッテルをはられ、貿易不均衡、国際通貨不安のもとと世界中で白い眼を向けられ……悩みは深刻である。

われわれはいったいどこへ行くのか。

＊

ぼくがここで問題にしたいのは、人類全体が残るか滅びるかという漠とした遠い想定よりも、今現時点で、人間の一人ひとりはいったいほんとうに生きているだろうかということだ。

ほんとうに生きがいをもって、瞬間瞬間に自分をひらいて生きているかどうか。システムのベルトコンベアーに乗せられ、己を失って、ただ惰性的に生活をつづけているというのなら、本質的に生きているとは言えない。ならば人類滅亡論をいうことも意味がないじゃないか。一人ひとりが強烈な生きがいにみちあふれ、輝いて生きない限り。

確かに今日の小市民生活は物質的には恵まれている。暮しは昔に比べてはるかに楽になってはいるが、そのために生命の緊張感を失い、逆に空しくなっている。進歩だとか福祉だとかいって、誰もがその状況に甘えてしまっている。システムの中で、安全に生活することばかり考え、危険に体当たりして生きがいを貫こうとすることは稀である。

自分を大事にしようとするから、逆に生きがいを失ってしまうのだ。己を殺す決意と情熱を持って危険に対面し、生きぬかなければならない。今日の、すべてが虚無化したこの時点でこそ、かつての時代よりも一段と強烈に挑むべきだ。

強烈に生きることは常に死を前提にしている。死という最もきびしい運命と直面して、はじめていのちが奮い立つのだ。死はただ生理的な終焉ではなく、日常生活の中に瞬間瞬間にたちあらわれるものだ。この世の中で自分を純粋に貫こうとしたら、生きがいに賭けようとすれば、必ず絶望的な危険をともなう。

そのとき「死」が現前するのだ。惰性的にすごせば死の危機感は遠ざかる。しかし空しい。死を畏《おそ》れて引っ込んでしまっては、生きがいはなくなる。今日はほとんどの人が、その純粋な生と死の問題を回避してしまっている。だから虚脱状態になっているのだ。

個人財産、利害得失だけにこだわり、またひたすらにマイホームの無事安全を願う、現代人のケチくささ。卑しい。小市民根性を見るにつけ、こんな群れの延長である人類の運命などというものは、逆に蹴とばしてやりたくなる。

人間本来の生き方は無目的、無条件であるべきだ。それが誇りだ。

死ぬのもよし、生きるもよし。ただし、その瞬間にベストをつくすことだ。現在に、強烈にひらくべきだ。未練がましくある必要はないのだ。

一人ひとり、になう運命が栄光に輝くことも、また惨めであることも、ともに巨大なドラマとして終わるのだ。人類全体の運命もそれと同じようにいつかは消える。

それでよいのだ。無目的にふくらみ、輝いて、最後に爆発する。

平然と人類がこの世から去るとしたら、それがぼくには栄光だと思える。

＊口絵　《挑む》1980年　川崎市岡本太郎美術館蔵

＊挿絵の下にある言葉の出典は次の通りです。

(1)……『原色の呪文』より
(2)(6)(7)(8)(9)(10)(17)(19)(20)……『今日の芸術』より
(3)(4)(5)(11)(14)(18)……『私の現代芸術』より
(12)(15)(16)……『岡本太郎の眼』より
(13)……『美の呪力』より

本書は1993年に小社より刊行された文庫の新装版です。

青春文庫

自分《じぶん》の中《なか》に毒《どく》を持《も》て〈新装版《しんそうばん》〉

2017年12月20日　第1刷
2025年7月15日　第48刷

著　者　岡本《おかもと》太郎《たろう》

発行者　小澤源太郎

責任編集　株式会社プライム涌光

発行所　株式会社青春出版社

〒162-0056　東京都新宿区若松町12-1
電話　03-3203-2850（編集部）
03-3207-1916（営業部）
振替番号　00190-7-98602

印刷／大日本印刷
製本／ナショナル製本

ISBN 978-4-413-09684-3

ほんとうのあなたに出逢う　青春文庫

仕事も女も運も引きつける
「選ばれる男」の条件
残念な男から脱却する、39の極意
自分を変える、人生が変わる!
大人の色気、さりげない会話…誰もが付き合いたくなる人は何を持っているのか!?
潮凪洋介
(SE-672)
残業ゼロの
快速パソコン術
ウインドウズ操作、ワード&エクセル、グーグル検索&活用術まで、ムダがなくなる時短ワザが満載!
知的生産研究会[編]
(SE-673)

折れない・凹まない・ビビらない!
忍者「負けない心」の秘密
忍者が超人的な力を持っているのは?
現代科学が明らかにした知られざる忍びの心技体
小森照久
(SE-674)

故事・ことわざ・四字熟語
教養が試される100話
「名刺」はなぜ「刺」を使うのか?
「辛」が「からい」意味になった怖〜いワケ
知ればますます面白い!　本物の語彙力
阿辻哲次
(SE-675)

ほんとうのあなたに出逢う ◆ 青春文庫

日本人の9割が答えられない
世界地図の大疑問100
「自由の女神」はニューヨークに立っていないってホント？

地図を見るのが楽しくなる
ニュースのウラ側がわかる
世界が広がる「地図雑学」の決定版!!

話題の達人倶楽部［編］

(SE-676)

失われた日本史
迷宮入りした53の謎

時代の転換点に消えた「真実」に迫る。
応仁の乱・関ヶ原の戦い・征韓論…
読みだすととまらない歴史推理の旅！

歴史の謎研究会［編］

(SE-677)

語彙力も品も高まる一発変換
「美しい日本語」の練習帳
いつもの言葉が、たちまち知的に早変わり！

口にして品よく、書き起こせば見目麗しく、
耳に心地よく響いて…。そんな「美しい
日本語」を使いこなしてみませんか？

知的生活研究所

(SE-678)

本当は怖い
59の心理実験

黙っていても本性は隠し切れない！
スタンフォードの監獄実験……ほか
読むと目が離せなくなる人間のウラのウラ

おもしろ心理学会［編］

(SE-679)

岡本太郎のパートナー　岡本敏子の本

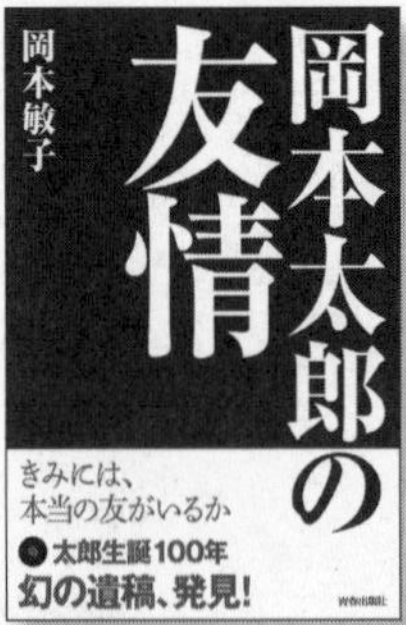

岡本太郎の友情

きみには、本当の友がいるか

四六上製判　ISBN978-4-413-03793-8　1500円

いま、生きる力

この瞬間がすべて
たるんでなんかいられない

文庫判　ISBN978-4-413-09325-5　514円

お願い　ページわりの関係からここでは一部の既刊本しか掲載してありません。折り込みの出版案内もご参考にご覧ください。

※上記は本体価格です。（消費税が別途加算されます）
※書名コード（ISBN）は、書店へのご注文にご利用ください。書店にない場合、電話または Fax（書名・冊数・氏名・住所・電話番号を明記）でもご注文いただけます（代金引換宅急便）。商品到着時に定価＋手数料をお支払いください。
〔直販係　電話03-3203-5121　Fax03-3207-0982〕
※青春出版社のホームページでも、オンラインで書籍をお買い求めいただけます。ぜひご利用ください。〔http://www.seishun.co.jp/〕